LES GRIMPEURS
DE
ROCHERS

PAR

LE CAPITAINE MAYNE-REID

Traduit de l'anglais par E. DELAUNEY

AVEC GRAVURES DANS LE TEXTE

ROUEN

MÉGARD ET Cie, LIBRAIRES-ÉDITEURS

1883

BIBLIOTHÈQUE MORALE

DE

LA JEUNESSE

—

1ʳᵉ SÉRIE GR. IN-8º JÉSUS

La maison, hélas! tu le sais bien, frère, jamais
nous ne la reverrons !

LES GRIMPEURS
DE
ROCHERS

PAR

LE CAPITAINE MAYNE-REID

Traduit de l'anglais par E. DELAUNEY

AVEC GRAVURES DANS LE TEXTE

ROUEN

MÉGARD ET Cie, LIBRAIRES-ÉDITEURS

1883

Propriété des Editeurs.

LES
GRIMPEURS DE ROCHERS.

I.

L'HIMALAYA.

Tout le monde a entendu parler de l'Himalaya, cette masse de rochers gigantesques superposés comme par les Titans pour séparer les plaines brûlantes de l'Hindoustan des froids plateaux du Thibet, et pour servir de formidable barrière aux deux plus grands empires du monde, celui des Mongols et celui des Chinois.

L'écolier tout novice encore sait déjà que ces monts sont les plus hauts du globe ; que six au moins d'entre eux s'élèvent perpendiculairement à plus de huit mille mètres au-dessus du niveau de la mer, tandis qu'une trentaine d'autres, dont les sommets sont couverts de neiges éternelles, atteignent une altitude de plus de six mille mètres.

De savants géographes peuvent écrire une foule de détails du plus haut intérêt sur ces montagnes de l'Himalaya, dont la faune et la flore fournissent d'attrayants récits aux ouvrages des naturalistes. Nous nous bornerons à esquisser quelques-uns des traits les plus saillants qui peuvent aider le lecteur à se faire une idée juste de l'aspect de ces rocs, dont les cimes glacées se perdent dans les nues, et dont la base forme la frontière septentrionale de l'empire britannique des Indes.

Les expressions de chaîne ou de sierra appliquées à l'Himalaya donnent une idée incorrecte de l'aspect général du vaste espace qu'occupent ces montagnes, espace dont l'étendue égale trois fois la superficie de la Grande-Bretagne et dont l'ensemble topographique ne ressemble nullement à une chaîne. Sa longueur (1,600 kil. environ) ne représente que six ou sept fois sa largeur, qui, en certains endroits, couvre jusqu'à deux degrés de latitude.

En outre, de son extrémité occidentale dans le Caboul à son versant oriental près des bords du Brahmapoutre, l'Himalaya n'offre pas cette continuité qui caractérise ce que nous nommons une chaîne de montagne. Plusieurs fois, au contraire, ces deux points extrêmes sont coupés transversalement par d'immenses vallées où se creusent les lits de grandes rivières qui, au lieu de couler comme l'indiquerait l'inclinaison des versants, prennent leur cours dans les directions imposées par les coupures transversales.

Il est vrai que pour le voyageur qui part des plaines de l'Inde pour s'approcher de l'Himalaya, ces montagnes lui font l'effet de s'étendre sur un seul rang horizontal dans la direction de l'est à l'ouest. Mais ce n'est qu'un pur effet d'optique. Au lieu d'une chaîne, l'Himalaya doit être considéré comme un vaste groupe de montagnes couvrant une superficie de 32,000 kilomètres carrés et rayonnant dans toutes les directions.

On trouve dans cette immense région la plus grande variété de climats, de sols et de productions. Sur les plus bas sommets qui confinent aux plaines de l'Hindoustan, ainsi que dans quelques-unes des profondes vallées de l'intérieur, se rencontrent les plantes tropicales. Le palmier, la fougère arborescente et le bambou y croissent dans une luxuriante liberté. Plus haut, la végétation de la zone tempérée étale ses forêts de chênes gigantesques, de sycomores, de pins, de noyers et de marronniers. Plus haut encore croissent les rhododendrons, les bouleaux, les bruyères, auxquels succède seule plus haut la végétation herbacée qui tapisse de sa riche verdure des rampes, des talus et même des plateaux entiers. Enfin, en arrivant à la limite des neiges éternelles, paraissent les lichens et les mousses que l'on rencontre dans les régions polaires.

Ainsi, le voyageur qui, des plaines de l'Inde, se dirige vers les hauteurs de l'Himalaya, ou qui sort d'une des profondes vallées pour gravir un pic neigeux, peut, dans l'espace de quelques heures, parcourir les degrés de température les plus divers et voir passer sous ses yeux tous les genres de productions répandues sur la surface du globe.

L'Himalaya n'est pas inhabité. On trouve dans les limites de son vaste territoire, d'abord le royaume de Népaul, puis des Etats de moindre importance, tels que ceux de Boutan, de Sikkim, de Gurwhal, de Kurmaou, et le fameux pays de Cachemire. Quelques-uns de ces Etats jouissent d'une certaine indépendance politique, mais le plus grand nombre vit sous la protection de l'empire britannique ou de l'empire chinois.

Comparées à l'étendue du territoire sur lequel elles sont disséminées, ces populations sont relativement très peu nombreuses; aussi se trouve-t-il des espaces mesurant des milliers de kilomètres carrés où l'on chercherait vainement une trace d'habitation humaine. Il existe de vastes régions avoisinant les neiges éternelles où peut-être jamais le chasseur même le plus téméraire ne s'est aventuré. D'autres points sont absolument inaccessibles, et il est inutile d'ajouter que les hauts sommets du Tchamoulary, du Kinchinjunga, du Dawaladjiri, et de bien d'autres, ne sauraient être foulés par le pied du plus intrépide explorateur. Aucun homme ne saurait, dans une ascension de montagnes, atteindre à la hauteur de huit mille mètres. Il est même probable qu'à cette altitude la vie doit s'éteindre promptement, à cause de l'intensité du froid et de la raréfaction de l'air atmosphérique.

Quoique l'Himalaya ait été connu des anciens et désigné dans leurs écrits sous le nom d'Imaüs et d'Emodus, ce n'est que depuis le XIXe siècle que nous nous en sommes fait en Europe une idée bien définie. Les Portugais et les Hollandais, qui les premiers colonisèrent l'Hindoustan, ont à peine parlé de ces montagnes, et même ceux des auteurs anglais qui ont écrit sur l'Inde ont longtemps gardé le silence sur cet intéressant sujet. De nos jours cependant, il a attiré l'attention des savants. Par la flore de l'Himalaya, la

Une ascension dans les montagnes.

botanique a vu s'ouvrir un monde nouveau de végétation que les ouvrages de Royle et de Hooker sont venus compléter, tandis que la zoologie s'est enrichie des travaux d'Hogdson et de Wallich. Mais nous ne saurions non plus passer sous silence ce qui est dû aux intrépides chasseurs Markham, Dunlof et Wilson le montagnard.

Cependant, en dehors de ces hommes, devenus célèbres par la publicité donnée aux récits de leurs explorations, il en est d'autres, restés dans l'ombre, dont les recherches et les travaux ne sont pas moins utiles. Le modeste botaniste, herboriseur consciencieux, délégué par quelque intelligent horticulteur, s'est, lui aussi, frayé la route jusqu'à l'Himalaya. Il a pénétré dans les gorges les plus reculées, a escaladé les pentes les plus abruptes, et s'est hasardé jusqu'aux limites des neiges éternelles. A la recherche d'une feuille ou d'une fleur nouvelle, il a traversé les cours d'eau bourbeuse, bravé les torrents mugissants, affronté les redoutables avalanches et franchi les crevasses des glaciers. Aucun livre ne s'est chargé de nous conserver la relation de ses aventures et de ses découvertes ; mais lui, pionnier infatigable et si mal récompensé, il n'en a pas moins contribué à augmenter la source de nos connaissances. Ses travaux sont enregistrés dans nos parterres par le magnolia rouge, le déodora et les rhododendrons ; dans nos serres par les fleurs excentriques des orchis, et enfin dans nos vergers par plusieurs fruits savoureux destinés à enrichir nos desserts.

Ce sont les aventures d'un de ces jeunes chercheurs de plantes, envoyé dans l'Inde par un célèbre horticulteur de Londres, que nous nous proposons de raconter dans les pages suivantes.

Esquissons seulement à la hâte le théâtre de la scène.

Ce n'est qu'un point, si on en compare la superficie avec l'étendue du vaste désert au milieu duquel il est

Habitations européennes dans l'Himalaya.

placé, désert de sommets arides et désolés, de glaciers imposants, de pics neigeux qui semblent escalader le ciel ou s'empiler d'une manière fantastique pour former un gigantesque tumuli.

Au milieu de ce chaos de rocs et de glace se détache majestueusement le sommet du Tchamoulary, revêtu et couronné de la parure virginale qui convient à son caractère sacré. Autour de lui se groupent d'autres pics qui portent, eux aussi, les insignes de l'éternelle pureté.

A quelques milliers de pieds de profondeur, se trouve un cirque immense, de forme ovale et régulière, qu'entoure comme un rempart un roc de granit haut de plusieurs centaines de pieds. On reconnaît à ne s'y pas méprendre un cratère éteint ; mais, au lieu des noires scories que l'on s'attendrait à rencontrer à sa base, un paysage gracieux et verdoyant vient charmer le regard. On dirait un parc anglais, entrecoupé de bosquets et de taillis et parsemé de rochers artificiels placés çà et là dans un but de pure ornementation. Une forêt au feuillage luxuriant et sombre forme ceinture à la vallée, tandis qu'un petit lac au flot tranquille sommeille dans le centre, réfléchissant tour à tour le cône du Tchamoulary et les blancs sommets qui l'environnent. Tout fait songer à quelque résidence princière, et l'œil cherche involontairement au-dessus des massifs les clochetons et les tourelles de quelque palais enchanté.

Vaine illusion ! Ce lieu charmant n'a jamais été destiné à l'habitation de l'homme. Quel est en effet le téméraire qui pénétrerait dans un paradis si bien gardé, et se flatterait de faire céder devant ses pas l'inflexibilité des murailles de granit qui l'enserrent ? Il lui faudrait y descendre au moyen de câbles ou d'échelles de corde démesurément longues ; mais si périlleuse que fût la descente, elle serait un jeu d'enfant, comparée à la quasi-impossibilité d'escalader de nouveau les murailles inaccessibles qui enserrent ce coin du monde.

Pourtant la vie est partout dans ce paysage ensoleillé. Voyez plutôt ! Quadrupèdes et volatiles animent de leurs folâtres ébats les fourrés, les airs et la surface du lac. Une vapeur blanchâtre s'élève d'une source d'eau chaude que l'on entrevoit dans le lointain…. Mais quoi ? Est-ce une illusion d'optique, cette hutte grossière dressée près de la source ? Approchons-nous pour éclaircir ce fait. Plus de doute possible ! A l'intérieur, des couches de feuilles de glaïeuls, trois blocs de pierre qui ont dû servir de lits et de sièges ; à l'extérieur, des peaux d'animaux suspendues aux parois, ainsi que les os épars sur le sol, attestent que cette hutte a été habitée. Mais l'est-elle encore ? Et comment ses occupants, s'ils l'ont abandonnée, ont-ils quitté ce vaste amphithéâtre séquestré de l'univers ?

II.

KARL ET SES COMPAGNONS.

Un jeune étudiant allemand, nommé Karl Linden, ayant pris part aux mouvements révolutionnaires de 1848, s'était vu banni de sa patrie et réduit à chercher un asile en Angleterre. Comme beaucoup d'autres exilés, il était sans ressources ; mais, au lieu de s'abandonner au désespoir, il chercha et obtint du travail chez un des grands horticulteurs de Londres. Ses connaissances en histoire naturelle ne tardèrent pas à lui mériter les bonnes grâces de son chef. Celui-ci, homme supérieur dans sa sphère, était du nombre de ceux qui ne se contentent pas uniquement de la reproduction des plantes et des fleurs qui décorent nos jardins et nos serres, mais qui dépensent des sommes considérables pour envoyer des émissaires dans toutes les parties du monde, afin de découvrir et de rapporter quelques nouvelles espèces, remarquables soit par leur rareté, soit par le charme particulier de leur forme ou de leur coloris.

Ces émissaires, apprentis botanistes qui facilitent les travaux des maîtres, ont exploré et explorent encore les points les plus reculés et les plus sauvages du monde, tels que les vastes et sombres forêts des bords de l'Amazone, de l'Orénoque et de l'Orégon en Amérique; les brûlantes régions équatoriales de l'Afrique, les jungles de l'Inde, et les bois des îles océaniennes.

Karl et son patron.

Ce fut accompagné de son frère Gaspard que le jeune botaniste se rendit aux Indes. Il était muni d'une lettre de recommandation pour le directeur du Jardin botanique de Calcutta et reçut une gracieuse hospitalité dans cet établissement scientifique. Il put à loisir en étudier les trésors, car il n'en quitta guère les limites pendant son séjour dans la grande cité orientale. Les autorités, s'étant intéressées à son expédition, lui avaient donné toutes les informations qu'elles possédaient sur la route qu'il se proposait de suivre, bien qu'à vrai dire, ces renseignements fussent à peu près nuls, la portion de la chaîne qu'il devait explorer étant, à cette époque, inconnue même des Anglais résidant à Calcutta.

Après un court séjour dans cette ville, Linden partit pour aller rejoindre le poste qu'on lui avait assigné. Il s'était muni d'un guide en la personne d'un habile chasseur hindou, nommé Ossaro, seul compagnon des deux frères dans leur expédition, si l'on en excepte un grand chien de chasse qu'ils avaient amené d'Europe et qui répondait au nom de Fritz.

Nous ne nous arrêterons pas sur les divers incidents qui survinrent dans le trajet, jusqu'au moment où notre jeune botaniste et ses compagnons entrèrent dans les grandes gorges. Qu'il nous suffise de dire qu'un jour, entraînés par leur ardeur à la poursuite d'un daim musqué, ils s'étaient aventurés dans une de ces gorges que fermait entièrement un immense glacier. Leur poursuite les ayant conduits à une assez grande hauteur, ils étaient parvenus dans la vallée en forme de cratère que nous avons décrite. Une fois dans la vallée, n'ayant pu trouver aucune autre issue pour en sortir que la voie qui les y avait fait entrer, ils étaient revenus sur leurs pas et avaient découvert, à leur grande con-

Vue de Calcutta.

sternation, que, pendant leur absence, une crevasse considérable s'était formée dans le glacier et leur coupait le passage.

Ils essayèrent alors d'en mesurer la largeur et se mirent à l'œuvre pour jeter par-dessus un pont de troncs d'arbres. Ils perdirent ainsi passablement de temps; et quand ils parvinrent de l'autre côté de l'abîme, ce fut pour constater que d'autres fissures s'étaient produites dans les parties inférieures du glacier et y avaient ouvert des gouffres absolument infranchissables.

Forcés par de telles circonstances d'abandonner toute idée de descente de ce côté, ils durent retourner dans la vallée qui, malgré les beautés qu'elle étalait à leurs regards, n'en était pas moins odieuse à leur esprit depuis qu'ils s'y voyaient *prisonniers*.

Ce fut dans ce lieu que leur survinrent diverses aventures. Tout d'abord ils eurent la chance de rencontrer un petit troupeau d'yacks, espèce de bœufs grognants, qui devaient être pour eux une précieuse ressource, en assurant leur subsistance pendant quelque temps. Gaspard, le plus jeune des deux frères, et de beaucoup le plus habile chasseur, n'échappa un jour que par miracle au vieux taureau, respectable ancêtre de toute cette génération. Par bonheur, il fut assez adroit pour tuer ce dangereux animal.

A son tour, Ossaro faillit être dévoré par une meute de chiens sauvages; mais à la longue pas un n'échappa à sa vengeance. A quelque temps de là, le même Ossaro fut encore en danger d'être englouti par un ennemi d'un autre genre, c'est-à-dire par un banc de sable mouvant dans lequel il sentit ses jambes s'engager, tandis qu'il tirait son filet hors du lac.

Ils eurent la chance de rencontrer un petit troupeau d'yacks.

Enfin la vie de Karl lui-même ne tint un moment qu'à un fil, lorsque, poursuivi par un ours sur une étroite saillie de rocher, il se vit contraint d'en descendre d'une manière fort périlleuse. L'ours, de son côté, se réfugia dans une caverne où les trois chasseurs, assistés de leur fidèle ami Fritz, ne tardèrent pas à le poursuivre et à le tuer.

Ils allumèrent du feu et firent fondre de la graisse d'ours pour en fabriquer des chandelles.

Malgré ce succès, qui les débarrassait d'un aussi redoutable ennemi, ils n'en coururent pas moins de grands risques dans cette chasse ; car ils s'étaient égarés dans les détours de la caverne, et probablement n'auraient pas pu retrouver leur chemin, s'ils ne s'étaient avisés d'un expédient. Avec la crosse de leurs fusils, le manche de leur hache et les objets en bois qu'ils avaient à leur portée, ils allumèrent du feu, firent fondre de la graisse d'ours et se fabriquèrent des chandelles, qui les aidèrent à sortir de ce labyrinthe.

Cette circonstance imprévue les amena à reconnaître l'énorme extension de cette caverne, et dans l'espoir que l'une des galeries aboutissait de l'autre côté de la montagne et leur fournirait un moyen de quitter la vallée, ils préparèrent des torches et résolurent de la parcourir en tous sens. Mais, hélas! peine inutile! Il n'existait aucune issue, et, de guerre lasse, ils abandonnèrent leurs recherches.

C'est à partir de ce moment que nous commencerons à donner des détails plus circonstanciés sur les efforts qu'ils tentèrent pour sortir de leur prison.

III.

RETOUR A LA HUTTE.

En quittant la caverne, après leur infructueuse exploration, Karl, Gaspard et Ossaro s'assirent dans un morne silence sur des quartiers de roc. Leurs regards exprimaient un découragement profond. La même pensée douloureuse les accablait. Chacun d'eux se sentait séparé du reste du monde et condamné à ne revoir peut-être jamais un visage humain, autre que celui de ses compagnons d'infortune. Gaspard fut le premier à dévoiler les sombres appréhensions qui hantaient son esprit.

— Frère, dit-il d'une voix désolée, notre sort n'est-il pas affreux! Dire que désormais c'est ici qu'il nous faudra vivre, ici qu'il nous faudra mourir, loin de tout ce que nous aimons, loin du monde entier, seuls, absolument seuls!

— Non, Gaspard, reprit Karl, singulièrement ému de la détresse de son frère, non, pas seuls, Dieu est avec nous. Il peut nous tenir lieu de tout.

Au fond de sa conscience Gaspard reconnaissait la vérité de cette assertion ; néanmoins elle n'eut pas pour effet de relever son moral et ses espérances. Il était persuadé que son frère n'avait ainsi parlé que pour lui offrir quelques consolations, mais qu'en réalité sa confiance était faible, son calme apparent et l'espoir banni de son cœur ; en conséquence, il ne répondit pas.

Ossaro cependant, hochant la tête, crut devoir prendre la parole à son tour, et il le fit dans un langage qui dénotait la croyance fataliste particulière à sa race.

— Ah! sahibs, dit-il en s'adressant aux deux frères, si le grand Sahib du ciel veut, nous sortir d'ici bientôt. Si lui veut pas, nous sortir jamais !

Ce discours, prononcé avec conviction, ne contribua pas cependant à rasséréner les esprits ; il fut suivi d'un long silence.

Gaspard et Ossaro paraissaient entièrement abattus sous le coup de leur dernier désappointement ; Karl, au contraire, qui semblait par sa nature moins enclin à voir les choses sous un jour désespéré, avait l'air absorbé par des pensées fort actives. Au bout d'un moment ses compagnons s'en aperçurent, mais ni l'un ni l'autre ne firent d'effort pour le tirer de sa rêverie, persuadés que ce qui occupait son esprit ne tarderait pas à leur être communiqué. Ils ne se trompaient pas ; peu d'instants après, Karl rompit le silence en disant :

— Voyons, nous avons tort de nous décourager ainsi ; nous ne sommes pas encore battus sur tous les

Environs de Calcutta.

points. Je vous ai dit le but que je me proposais en montant sur cette saillie de rocher où j'ai découvert la caverne et son désagréable occupant. Je pensais que si nous pouvions trouver un certain nombre de saillies du même genre, disposées en gradins de façon à ce qu'on puisse passer de l'une à l'autre au moyen d'échelles, nous aurions quelque chance d'atteindre le sommet de ce rempart de granit. Tiens, regarde, Gaspard, là, droit devant nous, comme ces saillies se succèdent. Malheureusement il y a dans le haut un espace qui ne doit pas avoir moins de soixante à soixante-dix pieds. Je venais de m'en assurer quand j'ai fait la rencontre de l'ours. Or, comme il nous serait impossible de fabriquer une échelle de cette dimension, et que le pourrions-nous, resterait la difficulté de la hisser à cette hauteur, nous n'avons aucune chance de réussir de ce côté.

— Peut-être, dit Gaspard, saisissant l'idée de son frère, y aurait-il un autre endroit plus favorable. As-tu examiné le précipice dans toutes ses parties ?

— Non, je n'ai pas été plus loin que l'endroit où j'ai rencontré l'ours ; et comme cette rencontre et l'exploration de la caverne nous ont absorbés depuis lors, mon projet d'échelles m'était complètement sorti de l'idée. Mais je crois qu'il serait bon maintenant d'y revenir, et de voir si nous ne pourrons pas trouver une place qui réponde mieux que celle-ci à nos besoins. Pour aujourd'hui il est trop tard, la nuit approche, et il nous faut le grand jour pour bien juger des distances. Retournons à la hutte, soupons et reposons-nous ; demain nous nous lèverons mieux disposés, et nous commencerons nos recherches dès le matin.

Ce sage conseil ne rencontra aucune opposition ; bien au contraire, à la seule mention du souper, Gaspard et

Ossaro furent debout en un clin d'œil; on se mit en route. Karl ouvrait la marche ; ils le suivirent, et Fritz les suivit à son tour.

Arrivés au logis, ils s'occupèrent des apprêts du souper, avec cet entrain qu'aiguillonne un appétit capable de trouver succulente la viande la plus coriace. Après quoi ils allèrent chercher sur leurs couches de feuillage un repos nécessaire à leurs corps fatigués.

IV.

UN VISITEUR NOCTURNE.

Ils dormaient tous d'un profond sommeil depuis plusieurs heures, quand ils furent brusquement éveillés par les aboiements de Fritz.

Pendant la nuit, le fidèle animal restait à l'intérieur de la hutte, où il avait aussi son lit particulier. Au moindre bruit il se précipitait au dehors, faisait sa ronde, puis, après s'être assuré qu'aucun ennemi ne troublait le voisinage, il revenait tranquillement se coucher.

Fritz n'était pas un chien bruyant. Il comptait trop d'années de service et avait acquis trop de sagesse pour fatiguer ses organes par des jappements inutiles. Dressé à la chasse du sanglier, ce n'était que dans les grandes occasions qu'il daignait se faire entendre ; mais alors ses hurlements étaient épouvantables.

Dans la circonstance qui nous occupe et qui survint vers minuit, après avoir jeté un premier cri d'alarme, le chien bondit hors de la hutte et fit retentir les échos de la vallée de ses hurlements prolongés, qui semblaient provenir des environs du lac.

— Qu'est-ce que cela peut être? se demandèrent avec inquiétude nos trois dormeurs, réveillés en sursaut.

— C'est quelque chose dont Fritz est effrayé, dit Gaspard, qui connaissait parfaitement la nature de son chien. Il n'aboie pas ainsi après un ennemi dont il espère aisément triompher. Ce doit être quelque animal qu'il redoute, j'en réponds. Si le vieux taureau était encore en vie, je dirais que c'est après lui qu'il en a.

— Y aurait-il par hasard des tigres dans cette vallée? reprit le jeune naturaliste. Je n'y avais pas encore songé; mais en y réfléchissant, la chose ne me paraît pas impossible. On croit que le tigre habite exclusivement les régions tropicales, c'est une erreur. En Asie, le tigre royal du Bengale se rencontre jusque sur les bords de l'Amour, à la hauteur du 50° de latitude nord. C'est à la chasse de ce tigre que les seigneurs du pays vont montés sur des éléphants.

— Que le ciel nous protège, s'il en est ainsi! s'écria Gaspard. Et nous qui n'avons jamais songé à faire une porte pour fermer notre hutte, qu'allons-nous devenir si!....

L'hypothèse de Gaspard fut brusquement interrompue par un singulier bruit du dehors qui se mêlait aux aboiements de Fritz.

du Pic d'Adam, dont l'escalade fatigue les plus robustes visiteurs. Il n'est donc pas extraordinaire d'en rencontrer un ici. D'ailleurs, quoi d'impossible à ce qu'il soit dans ces parages depuis nombre d'années, ou bien à ce qu'il y ait passé sa vie entière, qui compte peut-être un siècle et plus ?

— Mais je croyais, fit observer Gaspard, que l'éléphant ne se rencontrait que dans les riches plaines des tropiques.

— Ceci est encore une erreur généralement répandue, répliqua le naturaliste. Bien loin de rechercher les plaines tropicales, l'éléphant habite de préférence les hauteurs, et grimpe sur les montagnes toutes les fois que l'occasion s'en présente. Il aime les climats tempérés, parce qu'il y souffre moins des mouches et autres insectes dont la piqûre lui inflige une sorte de torture, malgré l'épaisseur de sa peau. Comme le tigre, l'éléphant n'est pas exclusivement un habitant des tropiques. Il peut vivre et même se reproduire dans les régions élevées et froides et à une assez haute latitude de la zone tempérée.

En dépit de cette savante dissertation, Ossaro n'en était pas moins enclin à croire que cette forme qu'il avait vue n'avait rien de terrestre, et n'était autre qu'une apparition du dieu Brahma ou de Vichnou.

Sans chercher à combattre cette superstitieuse impression, les deux frères continuaient à s'étonner de n'avoir pas découvert plus tôt les traces de l'éléphant.

— Après tout, suggéra Gaspard, il n'y a rien là de si étrange ; nous n'avons pas parcouru tous les points de la vallée ; un grand nombre nous sont encore totalement inconnus. Cette sombre forêt, par exemple, qui en

Éléphants sauvages.

couronne l'extrémité supérieure, aucun de nous ne s'en est approché depuis les premiers jours de notre arrivée, lorsque nous poursuivions le daim et que nous cherchions ensuite une issue pour sortir d'ici. Pour ma part, je n'ai jamais chassé dans cette direction, ayant toujours rencontré le gibier dans les environs du lac. Il se peut bien que l'éléphant ait son repaire dans cette forêt et n'en sorte que la nuit. Sans nul doute ses traces doivent être nombreuses; mais tu sais, frère, que nous avons été trop absorbés par la construction de notre pont et par l'inspection de la caverne pour avoir songé à autre chose.

Karl reconnut la justesse de cette observation. En effet, depuis le commencement de leur captivité, leur esprit avait été trop rempli de douloureuses inquiétudes, et trop préoccupé de découvrir le moyen d'échapper à leur affreuse situation, pour que rien de ce qui ne devait pas concourir à ce but eût le pouvoir d'attirer leur attention. De plus, en trois ou quatre jours, ils s'étaient procuré une quantité suffisante de viande, qui, dûment préparée par Ossaro, formait la partie substantielle de leur nourriture quotidienne, à laquelle ils joignaient parfois une couple de canards sauvages, ou tout autre gibier que Gaspard trouvait dans le voisinage. Ainsi ils s'étaient vus dispensés jusque-là de pousser leurs excursions dans les parties inexplorées.

Au bout d'une heure, comme l'éléphant semblait s'être définitivement éloigné, ils en conclurent qu'il ne reparaîtrait sans doute pas de la nuit, et, rassurés à cet égard, ils cherchèrent de nouveau le repos, après avoir résolu de tenir l'œil ouvert sur les menées futures de leur redoutable voisin.

VI.

RÉPARATION DES ARMES.

Dès l'aube du jour suivant, les deux frères étaient sur pied, décidés à se procurer des informations plus précises au sujet de l'éléphant, sur l'existence duquel Ossaro continuait à entretenir des doutes. Il faut convenir que ceci n'était pas très surprenant, puisqu'à l'exception des fanfares et des sifflements poussés par le solitaire, toute son allure avait été si mystérieuse, à son arrivée comme à son départ, que cette nocturne aventure pouvait bien au réveil ne plus sembler qu'un rêve.

Mais une aussi monstrueuse créature ne pouvait se mouvoir sans laisser après elle des traces de son passage, et comme elle avait traversé le torrent à l'endroit de son embouchure dans le lac, le sable devait en porter la marque.

Ce fut donc vers ce point que les jeunes gens et leur guide se dirigèrent. En y arrivant, ils ne purent plus douter qu'un éléphant leur eût rendu visite. De larges empreintes étaient profondément enfoncées dans le sable, et de l'autre côté de la petite baie ils reconnurent des traces analogues à l'endroit où l'animal avait dû atterrir.

Ossaro lui-même fut contraint de se rendre à l'évidence. Il avait chassé l'éléphant dans les jungles du Bengale et connaissait tout ce qui se rapporte à ce grand pachyderme. Avec de telles empreintes sous les yeux, s'évanouirent aussitôt toutes ses craintes chimériques.

— C'est un des plus grands, dit le vieil Hindou, parlant maintenant en toute assurance, et affirmant pouvoir, à un pouce près, en faire connaître les dimensions.

— Comment vous y prendrez-vous? demanda Gaspard, tout surpris de cette affirmation.

— Cela être facile, sahib ; besoin seulement de prendre mesure du pied.

En parlant ainsi, Ossaro tira de sa poche une longue ficelle, puis, choisissant l'empreinte la mieux marquée, il appliqua soigneusement sa ficelle tout autour, et obtint ainsi la circonférence du pied de l'animal.

— Maintenant, sahibs, dit l'Hindou, tenant entre ses doigts les deux extrémités de sa mesure, deux fois cette longueur arriver au sommet de l'épaule ; voilà comment Ossaro sait lui être un grand éléphant.

La circonférence ainsi mesurée avait environ deux

mètres de longueur ; il s'ensuivait, d'après le calcul de l'Hindou, que l'éléphant en question avait près de trois mètres et demi de haut. Karl en conclut qu'il devait être en effet l'un des plus grands.

Il ne mit pas non plus en doute l'exactitude du calcul d'Ossaro, parce qu'il savait, par le témoignage de chasseurs dignes de foi, que c'est ainsi qu'on s'assure de la hauteur de cet animal.

Maintenant que le vieil Hindou renonçait à voir dans l'éléphant une incarnation de Brahma, il affirma avec certitude que c'était un *solitaire*. Terme que notre jeune naturaliste n'avait pas besoin de se faire expliquer. Il savait que le solitaire est un vieux mâle qui, pour une cause quelconque — peut-être pour sa mauvaise conduite — est repoussé loin de ses semblables et expulsé du troupeau.

Cette rupture complète de tous rapports avec ses anciens compagnons le force à mener une vie errante, qui le rend haineux et malfaisant. Il ne se contente pas d'attaquer les animaux qui peuvent se rencontrer sur son passage, mais encore il les cherche et leur fait la chasse dans le but d'assouvir sur eux sa vengeance.

Il s'en rencontre plusieurs dans les jungles de l'Inde ainsi qu'en Afrique ; et comme leur esprit d'hostilité universelle ne fait pas d'exception même pour l'homme, il s'ensuit que le voisinage du solitaire est regardé comme extrêmement dangereux. On raconte plusieurs faits authentiques qui prouvent que des vies humaines ont souvent été sacrifiées à la fureur de ce monstre. On a même signalé des cas où l'éléphant s'est placé en embuscade au bord d'une route fréquentée, pour attaquer le voyageur qui s'y engageait sans défiance.

Dans la vallée du Dheira Doon, un éléphant, qui avait été autrefois dompté, mais qui avait échappé à la servitude, a tué une vingtaine de personnes avant qu'on soit parvenu à l'abattre.

Ossaro connaissait les instincts malfaisants du solitaire ; aussi conseilla-t-il de n'agir désormais qu'avec la plus grande circonspection : avis que le naturaliste était trop prudent pour ne pas suivre, et auquel Gaspard lui-même, en dépit de sa témérité, promit de se conformer.

Il fut donc convenu qu'avant de rien entreprendre, on s'occuperait de remettre les armes en bon état, afin de pouvoir repousser les attaques d'un aussi redoutable adversaire.

Les fusils réclamaient de nouvelles crosses, la hache un nouveau manche, ainsi que la lance d'Ossaro ; car on se souvient que tous ces objets avaient servi à alimenter le feu destiné à la fabrication des chandelles, qui devaient les aider à retrouver leur chemin dans la caverne.

Naturellement la recherche d'un lieu propice à l'escalade du rocher dut être différée jusqu'au complet achèvement de ces réparations.

Ce sage programme une fois tracé, ils revinrent au logis, où, après le déjeuner, ils s'occupèrent sans retard de leurs préparatifs.

La vallée étant riche en bois de diverses espèces, il ne leur fut pas difficile de se procurer celui qui était le mieux approprié aux travaux qu'ils voulaient accomplir.

Alors ils se mirent courageusement à l'œuvre, travaillèrent sans relâche du matin au soir, et même une partie de la nuit, dans l'espoir de hâter le moment où ils seraient convenablement armés et capables de se défendre contre toute espèce d'agression.

VII.

EXAMEN DES ROCHERS.

En fait d'outils, nos trois amis ne possédaient que leurs couteaux ; cependant ils en firent un si bon usage, qu'en deux jours leur tâche fut accomplie. Fusils, hache, épieu, tout fut remis dans l'ordre le plus parfait, et même Ossaro se fabriqua un nouvel arc, dont le carquois était bondé de flèches.

Le matin du troisième jour, après déjeuner, ils se mirent en route, bien résolus à ne laisser aucune partie du rocher qui ne fût soigneusement examinée.

Karl ayant déjà étudié la portion qui s'étendait de leur demeure à la caverne, ce fut de ce dernier point que commença leur inspection.

Ils avaient déjà, il est vrai, dès les premiers jours de leur arrivée, examiné les rochers dans toute leur étendue ; mais alors leur but était tout autre : ils cherchaient uniquement un point dont l'ascension leur parût possible ; car l'idée des échelles ne s'était pas encore présentée à leur esprit.

Maintenant ce nouveau projet donnait à leurs recherches un caractère tout différent. Il fallait s'assurer si, oui ou non, la combinaison était praticable. Pour cela, il fallait voir si les couches superposées que formait cette masse de granit étaient en un point quelconque assez peu distantes les unes des autres pour permettre d'y appliquer des échelles et de parvenir ainsi jusqu'au sommet du précipice. Tout le reste les inquiétait peu.

Non loin de la hutte croissait un bois de pins du Thibet, qui leur avait déjà fourni les matériaux du pont. En choisissant les troncs les plus minces et les plus élancés, ils auraient des montants d'échelles de treize à seize mètres de long presque tout préparés. Si par bonheur ils arrivaient à rencontrer une série de couches granitiques dont la hauteur ne dépassât pas treize mètres, alors ils pourraient se livrer à l'espoir de sortir enfin de cette vallée, qui, malgré sa beauté incontestable, leur inspirait autant d'horreur que les sombres murs d'une prison.

Avant longtemps ils eurent la joie de rencontrer ce qu'ils cherchaient. C'était une partie du rocher où deux de ces terrasses naturelles paraissaient n'avoir entre elles que dix mètres d'intervalle, tandis que les autres étaient plus rapprochées.

Cette partie du rocher était, il est vrai, plus élevée que celle où Karl avait pris ses premières mesures. Cependant elle ne paraissait pas avoir plus de cent seize mètres d'élévation. Effrayante hauteur sans doute, et pourtant beaucoup moindre qu'en plusieurs autres endroits. Une douzaine d'échelles pourraient suffire pour atteindre la crête du rocher.

Sans doute, outillés comme ils l'étaient, la fabrication de douze échelles, de six à dix mètres de hauteur, était un prodigieux travail, capable de décourager les plus entreprenants.

Cependant, si l'on se figure que, dans leur affreuse situation, ils n'avaient aucun autre espoir de délivrance, on comprendra qu'ils auraient accepté avec joie un labeur plus considérable encore.

Naturellement ils ne s'attendaient pas à venir à bout de leur tâche en un jour, en une semaine, ou en un mois. Ils sentaient que ce serait une œuvre de patience, et qu'une fois cette première partie terminée, resterait encore à accomplir la plus importante, sinon la plus difficile moitié du travail : le placement des échelles. A vrai dire, hisser douze échelles de cette taille, dans les circonstances que nous avons décrites, paraît une entreprise matériellement impossible à réaliser.

Peut-être nos amis en furent-ils frappés eux-mêmes et comprirent-ils que, n'ayant pour tout auxiliaire que leur adresse, leur courage et la force de leurs bras, ils échoueraient dès la première tentative, si les échelles avaient le poids ordinaire ; pour prévenir cette difficulté, ils résolurent de les faire aussi légères que possible.

Charmés d'ailleurs du résultat qu'ils venaient d'obtenir, ils restèrent sur le terrain pour mieux combiner leur plan et s'assurer d'un futur succès. Après quoi, au lieu de revenir sur leurs pas, ils se proposaient de suivre jusqu'au bout le circuit de la vallée et de voir si aucun autre point ne serait plus favorable encore à l'exécution de leur projet.

Ils se trouvaient précisément derrière la forêt dont Gaspard avait parlé, dans une région où jusqu'à ce jour ils n'avaient jamais pénétré. Entre la lisière de la forêt et le rempart granitique s'étendait une étroite bande de terrain découvert, encombrée par des quartiers de rocs qui s'étaient détachés des couches supérieures. Un certain nombre d'entre eux, d'une dimension assez considérable, étaient épars çà et là sur le sol, mais peu éloignés les uns des autres. Un de ceux-ci attira l'attention de nos amis par sa forme particulière. C'était un pilier de sept mètres de hauteur, sur environ deux mètres de diamètre. On eût dit une ébauche d'obélisque que la main de l'homme se serait plu à ériger en ce lieu. Et pourtant ce n'était qu'un pur caprice de la nature provenant peut-être d'un éclat de glacier. Une de ses faces présentait une série d'aspérités qui pouvaient permettre à un homme agile de grimper jusqu'à son sommet. Ossaro se garda bien de laisser passer l'occasion. Moitié pour plaisanter, moitié pour jouir d'un coup d'œil plus étendu, le chasseur hindou accomplit l'ascension avec cette souplesse particulière à sa race. Il occupa ce poste d'observation pendant quelques minutes ; puis, sa curiosité satisfaite, il en redescendit sain et sauf.

VIII.

UNE RECONNAISSANCE INTERROMPUE.

Nos amis étaient partis le matin, pénétrés d'une crainte salutaire de leur redoutable ennemi, et résolus à n'accomplir leur voyage de découverte qu'avec la plus grande prudence. Mais la joie que leur causait la réussite de leurs recherches, l'ardeur qu'ils mettaient dans leurs calculs et la combinaison de leurs plans, avaient chassé tout souvenir des dangers qu'ils couraient dans ces parages.

Les deux frères ne pensaient plus qu'aux terrasses qui s'étageaient devant leurs yeux, aux échelles qu'ils allaient construire, et discutaient à haute voix sur les meilleurs moyens à employer pour les mettre successivement à leur place respective.

Ossaro venait de descendre de l'obélisque, quand Fritz, qui jusque-là avait erré dans la forêt, fit entendre un effroyable hurlement.

Il n'y avait pas à s'y méprendre, c'était bien le même cri d'alarme qu'il avait jeté dans la nuit où l'éléphant avait rendu visite à la hutte. Sa voix avait une intonation qui prouvait que ce qu'il venait de découvrir le remplissait de terreur. Une seule et même pensée traversa l'esprit des trois compagnons, une même crainte donna à leurs regards une direction unique ; ils saisirent instinctivement leurs armes : Karl, sa carabine ; Gaspard, son fusil à deux coups ; Ossaro, son arc, garni d'une flèche acérée.

Inutile de dire que la consternation était peinte sur leurs visages et qu'elle augmenta, au lieu de diminuer, quand Fritz, sortant brusquement d'un taillis, s'élança vers eux, la queue basse, en faisant entendre une sorte de douloureux gémissement. On n'en pouvait douter, il avait été mis en fuite par l'ennemi ; et cet ennemi devait être bien redoutable, pour avoir contraint le vaillant animal à se conduire d'une manière si peu digne de son passé.

Les conjectures sur l'identité de cet ennemi ne furent pas de longue durée. A peine Fritz se fut-il rapproché, que presque sur ses talons apparut un long objet cylindrique, d'un gris bleuâtre, rappelant la forme d'une trompette, accompagné de deux immenses cornes d'ivoire et d'une paire de monstrueuses oreilles, derrière lesquelles se dessinait le corps massif d'un énorme éléphant. Après avoir tout brisé sur sa route pour se frayer un passage hors des taillis, l'animal se dirigea vers le terrain découvert en agitant violemment sa terrible trompe ; il suivait Fritz, contre lequel il semblait furieux.

Ce dernier, en sortant du bois, s'était réfugié vers ses maîtres, et ce fut cette direction que ne tarda pas à prendre l'éléphant. Dès lors il ne fut plus question de protéger le pauvre chien ; il fallut songer à soi-même, attendu qu'à la vue d'adversaires plus dignes de lui, le solitaire ne parut plus se soucier de l'infime quadrupède qui avait provoqué sa colère, mais dirigea ses attaques sur les trois hommes, comme pour les punir des torts de leur subordonné.

L'animal se dirigea vers le terrain découvert, en agitant violemment sa terrible trompe.

Nos amis s'aperçurent bientôt que Fritz n'était plus l'objet de la poursuite du monstre qui marchait directement sur eux. Impossible de tenir conseil, le temps manquait ; il fallait décider chacun pour soi et agir en conséquence.

Karl déchargea son mousquet entre les défenses de l'ennemi, Gaspard le visa à la tête, et la flèche d'Ossaro alla se planter dans sa trompe, puis on ne vit bientôt plus de l'Hindou que ses talons.

Les deux frères, de leur côté, avaient pris la fuite ; car c'eût été de la démence de rester une seconde de plus dans un voisinage aussi dangereux.

Du reste, pour rendre justice à Ossaro, la vérité nous force à dire que Karl et Gaspard ayant tiré les premiers, les premiers aussi ils songèrent à jouer des jambes. Tous les deux heureusement se trouvaient à peu de distance d'un grand arbre, au sommet duquel ils furent bientôt en sûreté.

A peine s'était-il écoulé deux secondes entre leur fuite et celle d'Ossaro ; mais ce court espace avait suffi pour attirer sur ce dernier toute la fureur de l'ennemi.

Le malheureux Hindou aurait bien voulu se placer, lui aussi, sous l'ombrage protecteur ; mais le solitaire s'en rapprochait rapidement, et il lui aurait été impossible de l'atteindre avant d'être saisi par la trompe de son adversaire. Sa perplexité était grande ; un instant son sang-froid habituel parut l'abandonner.

L'éléphant avançait toujours, agitant avec rapidité sa petite queue dans les airs, et la trompe tendue horizontalement pour saisir celui qui lui avait lancé le dard, dont il souffrait bien autrement que des balles qui s'étaient aplaties contre son crâne épais.

La position d'Ossaro était des plus périlleuses. Elle l'était au point que les deux frères, relativement en sûreté, poussèrent un cri d'effroi, croyant que c'en était fait de leur fidèle guide.

Ossaro leur semblait frappé de stupeur ; mais ce fut l'affaire d'un instant, le temps de savoir s'il essaierait ou non d'atteindre l'arbre. Comprenant qu'il valait mieux y renoncer, il courut dans une direction opposée.

Cette direction fut celle de l'obélisque. Par bonheur, le pilier n'était qu'à une dizaine de pas de distance ; mais le vieux chasseur franchit l'espace en deux ou trois bonds ; puis, abandonnant ses armes inutiles, il se cramponna aux aspérités du roc et grimpa comme un écureuil.

Ce ne fut pas sans raison qu'il déploya toute l'agilité dont il était capable ; une seconde, une demi-seconde de plus, ç'aurait été trop tard !

Avant qu'il eût atteint le sommet du roc, l'extrémité de la trompe de l'éléphant avait saisi le pan de la tunique de l'Hindou ; si l'étoffe en avait été plus solide, celui-ci fût redescendu plus rapidement encore qu'il n'était monté. Mais le tissu de coton, usé par un long service, céda ; et quoique le digne homme se vît exposé à quelques inconvénients désagréables par cette avarie faite à un vêtement des plus indispensables, du moins lui fut-il redevable de la conservation de sa peau.

IX.

SUR L'OBÉLISQUE.

Bien qu'il fût au sommet de l'obélisque, c'est à peine si Ossaro pouvait s'y croire en sûreté; car l'ennemi n'avait pas encore abandonné l'espoir de le saisir; tout au contraire, irrité par la déception qu'il venait d'éprouver, il lança avec colère le morceau d'étoffe loin de lui, et, se soulevant sur ses jambes de derrière, se tint debout, les pieds de devant appuyés contre le roc.

On aurait dit qu'il songeait à escalader l'obélisque; et certainement il l'eût fait, s'il en avait eu la possibilité. Ossaro, comme on le voit, n'était pas à l'abri du danger; car l'éléphant, dans cette position verticale, avec sa trompe étendue dans toute sa longueur, n'était qu'à quelques centimètres au plus des talons de sa victime.

L'Hindou se tenait droit comme une statue sur son piédestal; mais rien dans sa physionomie ne rappelait l'impassibilité du marbre. Ses traits, au contraire, exprimaient la plus grande terreur. Et pourrait-on s'en étonner, quand on songe qu'il se rendait compte de son affreuse position et sentait que si l'éléphant parvenait à se grandir de quelques pouces de plus, il le lancerait à terre et l'écraserait comme une mouche?

C'est avec cette horrible perspective que du haut de sa colonne il regardait le monstre faire tous ses efforts pour arriver jusqu'à lui : efforts qui n'annonçaient pas moins de sagacité que d'énergie. Non seulement l'animal, s'allongeant autant que possible, se tenait pour ainsi dire sur la pointe des pieds ; mais quand il vit que décidément il était trop court, il retomba à terre, et se précipita de nouveau sur la colonne pour atteindre à une plus grande hauteur.

Il recommença ce manége à plusieurs reprises, essayant chaque fois un autre côté du roc, comme s'il avait l'espoir qu'une inégalité de terrain lui donnerait l'avantage qu'il cherchait et lui permettrait de saisir sa victime.

Heureusement pour Ossaro, l'éléphant avait atteint du premier coup le point extrême où il pouvait arriver; et bien qu'il continuât à tourner autour de l'obélisque, il ne pouvait faire plus que de toucher avec l'extrémité de sa trompe l'arête de la surface plane sur laquelle reposait l'Hindou.

Celui-ci commençait à se rassurer, et peut-être aurait repris confiance, sans une circonstance qui l'inquiétait. Sans point d'appui sur une plate-forme qui ne dépassait guère la longueur de son pied, il avait grand'peine à demeurer d'aplomb. S'il avait été sur le sol, la chose lui eût paru moins difficile ; mais à plus de six mètres de hauteur, le cas était bien différent, surtout avec des nerfs ébranlés par le danger dont il se sentait menacé.

Malgré la douceur naturelle de son caractère, Ossaro possédait un haut degré de courage, que sa vie de chasseur avait encore fortifié par l'habitude des situations périlleuses. S'il avait été poltron, selon toute apparence, la frayeur aurait amené sa perte, en le faisant tomber sur les épaules de l'impitoyable ennemi qui en voulait à sa vie.

En dépit de sa bravoure cependant, c'était tout ce qu'il pouvait faire que de se maintenir en équilibre.

Malheureusement, pour monter sur le roc, il avait dû abandonner sa lance, qui lui aurait été d'un grand secours. Il avait encore, il est vrai, son long couteau attaché à sa ceinture ; il le prit, non pour s'en servir contre son antagoniste, mais pour lui tenir lieu de balancier. Certes il aurait avec plaisir découpé une ou deux tranches dans la protubérance charnue que lui présentait l'éléphant ; mais, en se baissant, il risquait de perdre son centre de gravité, et pouvait accélérer la catastrophe qu'il redoutait ; il resta donc droit et immobile sur sa colonne, comme une statue de bronze sur son piédestal.

X.

A QUELQUE CHOSE MALHEUR EST BON.

Depuis quelques minutes Ossaro garde cette position, et l'éléphant continue ses efforts pour arriver jusqu'à lui.

Les deux frères, du haut de l'arbre où ils se sont réfugiés, n'ont pas perdu un détail de cette scène émouvante. Gaspard se fût diverti de bon cœur de la singulière situation d'Ossaro, sans la vue du danger qu'il courait. Mais ce danger est si menaçant, que, loin de se livrer à un accès de gaîté, le jeune homme, comme son frère, attend avec angoisse le dénoûment de ce drame.

Ni l'un ni l'autre ne peuvent venir en aide à leur malheureux compagnon, parce qu'ils ont abandonné leurs fusils pour monter plus rapidement sur l'arbre et se cacher dans ses branches.

Cette circonstance est d'autant plus fâcheuse aux yeux de Karl, que non seulement il partage l'anxiété de son frère, mais que chez lui elle est encore plus vive. Ce n'est pas qu'il tienne à Ossaro plus que ne le fait Gaspard, ou qu'il doive le regretter davantage s'il lui arrivait malheur; non, mais il comprend mieux le danger auquel il le voit exposé.

Dès qu'ils ont été certains que l'éléphant ne pouvait atteindre leur guide, aussi longtemps que ce dernier conserverait son équilibre, les deux jeunes gens n'ont cessé de l'encourager à tenir ferme. Mais Karl vient de s'apercevoir d'un détail qui le remplit d'une vive appréhension.

Chaque fois que l'éléphant se dresse contre l'obélisque, le roc paraît osciller faiblement. Ossaro lui-même s'en est aperçu et en est d'autant plus troublé, que chaque secousse nouvelle augmente pour lui la difficulté de conserver son aplomb.

Gaspard finit à son tour par remarquer cet imperceptible mouvement, sans y attacher grande importance; tant il est persuadé que le vieux chasseur saura conserver sa position en dépit de ce nouvel obstacle. Cette confiance, le botaniste la partage également; ses craintes proviennent d'une autre source, que le dialogue suivant nous révélera.

— Oh! si le roc allait céder!

— Bah! il n'y a pas de danger, réplique Gaspard, il est ferme sur sa base; il est vrai qu'il s'ébranle un peu quand l'animal se précipite dessus, mais c'est peu de chose; et tant qu'Ossy tient bon, il n'y a absolument rien à craindre.

— Je ne suis pas de ton avis, reprend Karl ; j'y vois un danger sérieux. Ces éléphants sont d'une si merveilleuse sagacité, que si celui-ci vient à s'apercevoir que le bloc remue, il changera certainement de tactique, et Ossaro sera perdu.

— Oui, je comprends, s'écrie Gaspard, qui commence à partager les craintes de son frère. Voyons, que pourrait-on faire ?... Si nous avions nos fusils, nous tirerions sur l'animal ; cela ferait diversion et l'empêcherait peut-être de penser à ce que tu crains. Descendons ; qu'est-ce qui nous en empêche ? L'éléphant est trop occupé pour songer à nous.

— Parfait ! c'est une excellente idée, frère Gaspard.

— Eh bien ! à l'œuvre ! nous n'avons pas un instant à perdre. Je vais me glisser à terre, tu me suivras sur les branches les plus basses, et je te ferai passer nos mousquets.

— Courage, Ossy, s'écria le jeune chasseur ; il va bientôt lâcher prise ; nous allons lui loger une ou deux onces de plomb dans le flanc.

En parlant ainsi, Gaspard descend avec rapidité ; son frère le suit avec plus de prudence.

Au moment où le jeune homme touche la branche la plus basse, et Karl, celle immédiatement au-dessus, un craquement épouvantable, accompagné d'un cri perçant, les arrête court, et les force à tourner leurs regards du côté de l'obélisque.

Il a suffi des quelques secondes qui viennent de s'écouler pour que la scène ait pris un aspect tout nouveau. Au lieu de la haute colonne s'élevant perpendiculairement à sept mètres au-dessus du sol, on ne voit plus que le même bloc de pierre couché en sens horizontal sur un amas de branches et de rameaux broyés dans sa chute. Vers sa base, l'éléphant, renversé, agite dans les airs ses quatre pieds massifs de la façon la plus originale, tandis qu'il fait des efforts inouïs pour retrouver sa position naturelle.

L'éléphant, renversé, fait des efforts inouïs pour retrouver sa position naturelle.

Quant à l'Hindou, on n'en voyait plus trace.

L'éventualité redoutée par le naturaliste ne s'était que trop réalisée. Dès qu'il avait compris qu'il lui serait impossible de saisir sa victime et qu'il eut découvert, par son merveilleux toucher, que le roc n'était pas immobile, l'éléphant se remit sur ses quatre pieds, et, appuyant sa large épaule contre la colonne, il la poussa de toute sa force. Ce poids énorme renversa l'obélisque, qui, rencontrant dans sa chute un marronnier voisin, le fit voler en éclats avec un craquement terrible, et joncha la terre de ses débris.

L'éléphant lui-même, qui n'avait pas compté sur une aussi faible résistance, se trouva renversé du même coup. Bref, des quatre objets qui formaient le précédent tableau, le roc, l'arbre, le quadrupède et l'homme, pas un maintenant ne se retrouvait à sa place ; car il est superflu de dire qu'Ossaro avait quitté le faîte de l'obélisque.

Mais où pouvait-il être ?

C'est la question que se posaient avec angoisse Karl et Gaspard.

— Oh! frère, s'écria ce dernier, je crains qu'il ne soit tué.

Karl gardait le silence, et cependant cette douloureuse exclamation faite à haute voix ne resta pas sans réponse. A peine s'était-elle échappée des lèvres du jeune homme, qu'une voix sortant du milieu des branches du marronnier fit tressaillir de joie le cœur des deux frères.

— Non, jeunes sahibs, répliquait l'invisible Ossaro, moi être pas tué, pas endommagé du tout ! Si pouvoir seulement passer, moi être sain et sauf, comme avant. Mais falloir courir !

A l'instant même le vieux chasseur sortait de dessous les branches où il avait été enseveli, et courait à toutes jambes vers l'arbre qui abritait les deux frères.

Longtemps avant que l'éléphant eût pu se remettre sur ses pieds, Ossaro était parfaitement installé au plus haut du grand arbre sur lequel Karl et Gaspard, ne songeant plus du tout à leurs fusils, étaient également remontés.

XI.

UN INFATIGABLE FACTIONNAIRE.

Persuadés qu'ils sont maintenant à l'abri de toute attaque de la part de l'éléphant, nos trois amis surveillent ses mouvements avec un sentiment de parfaite sécurité.

Le seul être qui soit encore à portée de sa redoutable trompe est Fritz. Mais Fritz, averti des intentions hostiles de son adversaire, est suffisamment agile à la course, et surtout assez sage pour laisser entre eux une distance respectable.

De son côté, une fois rétabli sur ses bases naturelles, l'éléphant secoua d'abord ses énormes oreilles, puis, d'un air tout embarrassé, sembla vouloir se rendre compte de l'accident qui lui était arrivé.

Mais il ne resta pas longtemps dans ces dispositions méditatives. La flèche que lui avait lancée Ossaro était encore là pour lui rappeler ses projets de vengeance. De nouveau il relève sa queue, jette dans l'air son cri de guerre, et, se précipitant au milieu des branches fracassées, commence à les retourner une à une pour trouver sa victime.

Au bout d'un moment il abandonne ses inutiles recherches et regarde tout autour de lui comme pour découvrir ce que l'homme a pu devenir : évidemment il ne s'est point aperçu de sa fuite ; mais en cet instant Fritz, couché au pied de l'arbre qui sert de refuge à ses maîtres, frappe soudain sa vue.

C'en est assez : c'est lui qui le premier a provoqué l'éléphant par sa présence dans le bois ; c'est lui qui l'a attiré sous cette terrible batterie de balles et de flèches ; aussitôt donc que les yeux du monstre s'arrêtent sur le chien, sa colère se ranime, augmente de plus en plus ; il dresse sa queue et court sus à son ennemi.

Si l'assaillant avait été un sanglier, ou même un taureau, le chien l'eût sans doute attendu de pied ferme, ou ne se fût dérobé à sa première attaque que pour mieux masquer son jeu et revenir plus héroïquement à la charge. Mais contre un ennemi aussi grand qu'une maison — que lui, Fritz, n'étant pas d'origine orientale, ne connaît que sous un jour très-défavorable, dont il redoute surtout la formidable armure — est-il étonnant que, sans craindre de ternir son blason par la fuite, notre Fritz ait bientôt disparu sous le plus épais du fourré ?

Si rapide avait été sa course, que deux secondes avaient suffi pour faire perdre sa trace non seulement à ses maîtres, mais encore à son persécuteur, qui, fatigué d'une poursuite vaine, est bientôt forcé de renoncer à son entreprise.

Quand ils s'aperçurent que l'éléphant pénétrait dans le bois, nos amis espérèrent que sa chasse le conduirait à une distance assez considérable pour leur permettre d'aller chercher au loin une retraite plus sûre ; mais en ceci ils furent désappointés.

Dès qu'il eut renoncé à la poursuite du chien, le solitaire revint à son lieu de départ, et, après avoir de nouveau, avec le bout de sa trompe, secoué les branches de marronnier, n'y trouvant pas ce qu'il cherchait, il commença autour de l'obélisque une promenade circulaire, et l'accomplit avec une si parfaite régularité, qu'on aurait pu croire qu'il se préparait pour une représentation théâtrale.

Plus d'une heure s'écoula, et le grand pachyderme continuait toujours sa promenade, ne l'interrompant, par intervalles, que pour faire entendre son cri strident ; puis tout rentrait dans le silence. De temps à autre il dirigeait son regard et même sa trompe vers les débris de l'arbre abattu, comme pour y découvrir enfin celui qu'il supposait y être caché. Du reste, sa ronde ne semblait avoir pour but que de surveiller ce point, afin de prévenir la fuite de sa victime. Depuis longtemps déjà, en appuyant son pied sur l'extrémité de la flèche meurtrière, il s'en était débarrassé.

Pendant ce temps, Fritz, revenu sur la lisière du bois, s'y tenait si bien caché, que son ennemi ne pouvait l'apercevoir.

De leur côté, les deux frères et leur guide s'impatientaient dans leur prison aérienne, et aspiraient après la liberté. Gaspard et Ossaro parlaient de risquer une descente pour rentrer en possession des fusils; mais Karl jugeait l'entreprise trop périlleuse. L'arbre n'était qu'à une vingtaine de mètres du point où l'éléphant faisait sa ronde. Avec son infatigable surveillance, celui-ci ne manquerait pas de découvrir leurs mouvements; et comme, malgré sa lenteur apparente, cet énorme quadrupède peut aller aussi vite qu'un cheval au galop, ils auraient peu d'espoir d'échapper à son atteinte. D'ailleurs, en admettant même que par impossible ils pussent remonter sans encombre, leur vue suffirait seule à rallumer sa colère et le déterminerait à prolonger sa faction.

Une autre raison devait aussi les engager à modérer leur impatience : les munitions manquaient. Karl n'avait plus que juste assez de poudre pour charger deux fois sa carabine, et son frère n'était guère mieux monté. Ils pouvaient épuiser leur dernière ressource sans arriver à tuer un animal qui maintient fièrement sa position même avec une vingtaine de balles dans les flancs. Ces décharges d'ailleurs, sans le blesser grièvement, auraient pour résultat certain d'augmenter sa fureur et de le décider à ne plus quitter la place.

Comme l'avait dit Ossaro, c'était un *vieux solitaire*, par conséquent un des animaux les plus dangereux; et quoiqu'ils ne pussent espérer d'être en sûreté dans la vallée aussi longtemps qu'il serait en vie, nos amis décidèrent que le plus sage était cependant de le laisser tranquille jusqu'à ce que des circonstances moins défavorables leur permissent de s'en débarrasser. Ils se résignèrent donc à attendre le moment où il lui plairait de mettre un terme à son infatigable faction.

XII.

UNE ÉTRANGE DÉCOUVERTE.

Une autre heure s'était écoulée, comme pour mettre à l'épreuve la patience de nos trois assiégés. Rien n'avait changé dans la conduite du solitaire, qui continuait toujours sa ronde près de l'obélisque renversé. Il l'avait entouré d'une sorte de sentier foulé qui ressemblait assez à l'arène d'un cirque après une grande représentation. Malgré ce long programme, que les spectateurs, sans en excepter Fritz, auraient si volontiers raccourci, nos amis avaient passé cette heure d'une manière moins désagréable qu'on n'aurait pu s'y attendre. Ils avaient eu la chance de jouir d'un intermède qui fut pour eux, et surtout pour le naturaliste, d'un intérêt si vif, qu'ils en oublièrent leur terrible assiégeant et les difficultés qu'il leur suscitait.

Grâce à la position élevée qu'ils s'étaient vus forcés de prendre, ils furent témoins d'une de ces scènes qui se déroulent seulement au sein des vastes solitudes de la nature.

Non loin de l'arbre qu'ils occupaient s'en trouvait un autre d'égale dimension, mais d'une espèce bien différente. C'était un sycomore, comme Gaspard lui-même, sans aucune notion de botanique, pouvait l'affirmer. Son écorce lisse, tachetée de blanc et de vert, ses branches et ses feuilles largement développées ne permettaient aucun doute à cet égard. Il appartenait comme son congénère d'Europe à la famille du *platanus orientalis*.

Ordinairement le tronc de ce bel arbre est creux ; ce phénomène ne se manifeste pas seulement dans la partie inférieure par de grandes cavités, mais aussi dans le haut du tronc et dans les principales branches par des ouvertures d'une certaine étendue.

L'arbre en question n'était séparé que de quelques mètres de celui sur lequel nos amis étaient perchés. Il se trouvait tout en face d'eux, quand ils regardaient du côté du bois, ce qui leur arrivait chaque fois que, fatigués du mouvement monotone de l'éléphant, ils en détournaient les yeux. Le feuillage peu touffu du sycomore leur permettait d'en voir le tronc et les divisions principales, sans que rien pût gêner leur vue.

Gaspard, dont le coup d'œil et la perception étaient également rapides, ne tarda pas à découvrir sur le prolongement du tronc, à deux mètres environ de sa première bifurcation, quelque chose d'étrange qui éveilla sa curiosité. Cela ressemblait à une corne de chèvre, mais avec la courbure d'une défense de rhinocéros ou de jeune éléphant. Ce singulier objet, qui sortait de l'arbre et dirigeait sa courbure vers la terre, différait complètement par sa nature du bois de sycomore.

Une ou deux fois, pendant que Gaspard l'examinait, il crut voir cet objet remuer; mais n'en étant pas certain, il préféra ne rien dire de sa découverte, dans la crainte de faire rire à ses dépens.

Tout intrigué par ce qu'il avait sous les yeux, le jeune homme le considéra avec attention, et remarqua bientôt autour de cette excroissance un disque circulaire de vingt-deux à vingt-sept centimètres de diamètre et différant de l'écorce de l'arbre par sa couleur beaucoup plus foncée.

Ce disque, pas plus que l'objet en forme de corne qui se projetait de son centre, ne semblait composé de parties ligneuses. Consulté à ce sujet, Gaspard n'aurait pas hésité à dire qu'il paraissait être de la même matière que celle dont l'hirondelle se sert pour construire son nid.

Le jeune homme continuait son examen de ces deux curieux objets, mais gardait encore pour lui-même ses observations, lorsque tout à coup il vit la corne jaunâtre qui remplissait le disque disparaître à l'intérieur du tronc, laissant à la place qu'elle venait d'occuper un espace noir et creux. Un instant après elle reparut et de nouveau boucha le trou.

Cette fois la surprise de Gaspard fut trop grande pour lui permettre de rester seul possesseur de ce mystérieux secret. Il communiqua sans tarder sa découverte à son frère et indirectement à Ossaro.

Tous deux en même temps tournèrent leurs yeux vers le sycomore et les dirigèrent sur le point indiqué. Karl ne fut pas moins intrigué que Gaspard par cette mystérieuse apparence. Mais il n'en fut pas de même de l'Hindou. A peine eut-il aperçu la corne et le disque, qu'il dit avec la plus parfaite indifférence : *Hornbill* (le calao). L'oiseau sur son nid.

XIII.

UN NID CURIEUX.

— Son nid! répéta Gaspard étonné. Un nid d'oiseau, voulez-vous dire, Ossy?

— Justement, sahib, être le nid d'un gros oiseau.

— Par exemple, reprit Gaspard, que ce détail n'éclairait guère, ceci est par trop curieux. J'admets, si vous voulez, que cette corne ou ce morceau d'ivoire soit le bec d'un oiseau; mais l'oiseau lui-même et son nid, où les placez-vous?

Ossaro donna à entendre que l'un et l'autre étaient dans l'intérieur de l'arbre, et que l'oiseau était sur son nid, derrière son bec, précisément à l'endroit où il devait être.

— Quoi! il y aurait un oiseau dans ce trou! Il faut alors qu'il ne soit pas plus gros que son bec, pour s'introduire par une telle ouverture, car je n'en vois point d'autre. Serait-ce par hasard un toucan? J'ai entendu dire que le corps de cet oiseau passe partout où passe son bec. En serait-ce un, Ossy?

L'Hindou n'avait jamais entendu parler du toucan. Ses connaissances ornithologiques se bornaient aux oiseaux du Bengale, et le toucan ne se rencontre qu'en Amérique. Il affirma seulement que le calao (*hornbill*), que l'on nomme aussi l'oiseau rhinocéros, était de la grosseur d'une oie, et que son corps était beaucoup plus gros que son bec.

— Et vous dites qu'il est là derrière, sur son nid?

— Certainement, sahib.

— Eh bien! j'accorde qu'il y a en effet dans cette cavité une créature vivante; je ne saurais en douter, puisque je l'ai vue remuer; mais pour me faire croire qu'elle est aussi grosse qu'une oie, il faudrait d'abord m'expliquer comment elle a pu entrer; à moins qu'il n'y ait une autre ouverture de l'autre côté du tronc.

— Non, sahib, celle-là être la seule entrée.

— Bravo! c'est magnifique! Un oiseau gros comme une oie qui entre et sort par un petit trou, où se glisserait à peine un moineau!

— Hornbill pas entrer, et pas sortir; lui être toujours sur ses petits, jusqu'à ce que eux quitter le nid.

— Allons, Ossy, reprend Gaspard d'un ton moqueur, votre histoire est par trop absurde. On ne peut vous croire sur parole. Comment rester dans ce nid jusqu'à ce que les petits en sortent? Mais par quel moyen, je vous prie, accompliront-ils ce miracle? La mère compte-t-elle sur eux pour la tirer d'embarras? Expliquez-vous, mon brave, et sans tant de circonlocutions, dites-nous clairement ce que vous savez.

Ainsi mis en demeure, l'Hindou donna les détails suivants :

Lorsque le calao est sur le point d'avoir de la famille, il choisit un arbre avec une cavité assez grande pour contenir sa femelle et son nid. Dès que le nid est construit, que les œufs y ont été déposés, la femelle se place dessus et n'en bouge plus, non seulement jusqu'à l'éclosion, mais encore jusqu'à ce que ses petits soient en état de prendre leur vol.

De son côté, le mâle déploie une sagacité merveilleuse pour préserver les siens des attaques de la belette, du putois, de l'ichneumon et de toute autre sorte d'ennemis. Il mure l'entrée du nid et ne laisse au milieu qu'une ouverture suffisante pour que le bec de la couveuse puisse y passer et le fermer hermétiquement. Il trouve dans la vase des ruisseaux ou des marais voisins, la matière agglutinante dont il a besoin pour accomplir ce travail. Quand cette vase est sèche, elle devient très dure et peut défier les griffes et les dents de tout intrus, oiseau, insecte ou quadrupède. Même le plus délié des serpents, après s'être glissé le long du tronc, trouve impossible de pénétrer par aucun interstice dans cette demeure si habilement fortifiée. Ainsi la femelle, libre de toute inquiétude, continue son œuvre d'incubation.

— Eh quoi! s'écria Gaspard, interrompant le narrateur, elle reste là tout le temps, des semaines entières peut-être, sans sortir? Comment se procure-t-elle sa nourriture?

Ossaro ne put répondre ; car, en ce moment, un bruit capable d'inspirer de la frayeur à ceux qui l'entendent pour la première fois, se produisit dans les airs. Ce bruit rappelait le mugissement des rafales pendant la tempête.

Dès que l'Hindou l'eut entendu, au lieu de répondre à la question de Gaspard, il dit simplement :

— Patience, sahib, le vieux mâle faire voir à vous comment la femelle être nourrie.

Ichneumon.

Ossaro achevait à peine de parler, que la cause de tout ce vacarme se présenta à la vue de nos jeunes amis, sous la forme d'un grand oiseau qui en quelques battements d'ailes passa au-dessus de leurs têtes et vint se percher sur une branche du sycomore, située juste au-dessous du nid qui les occupait.

Sans le secours d'Ossaro, la vue de son bec eût suffi

pour le faire reconnaître pour le mâle de la couveuse. Ce bec énorme, dont le bout ressemblait à celui de la femelle, était surmonté d'une protubérance en forme de casque qui s'avançait de plusieurs pouces sur la mandibule supérieure et avait l'air d'un second bec placé sur le premier. Cet appendice ne pouvait appartenir à aucun autre oiseau qu'au calao rhinocéros.

XIV.

LE CALAO.

Karl avait vu dans les muséums d'histoire naturelle plusieurs spécimens de ce singulier oiseau et n'eut aucune difficulté à le reconnaître. Il aurait même pu dire qu'il est classé sous le nom générique de *bucéros* et qu'il appartient à l'espèce du *bucéros rhinocéros*, nommé également *tapaou* et quelquefois *corbeau indien*, à cause de certains rapports de forme et d'instinct qui le rapprochent de ce carnivore bien connu.

Ossaro n'avait pas exagéré la taille du calao en la comparant à celle de l'oie ; celui dont nous nous occupons était même plus grand : de l'extrémité de son bec à celle de sa queue il avait au moins un mètre de long. Il était noir en dessus et d'un blanc jaunâtre en dessous. Les plumes de sa queue étaient blanches, mais traversées par une large bande noire. Son bec, comme celui de la femelle, d'un blanc jaune, tirait sur le rouge à la naissance de la mandibule supérieure, tandis que la protubérance en forme de casque était mélangée de blanc et de noir.

Le vieux chasseur avait achevé de communiquer les détails qu'il connaissait sur ce curieux oiseau, qui est loin d'être commun même dans l'Inde, où l'on en compte cependant plusieurs espèces.

Karl, à son tour, aurait pu ajouter certains développements scientifiques ; mais, dans leur situation présente, il se sentait peu disposé à transformer sa branche d'arbre en une chaire d'ornithologie.

Il aurait pu dire que les naturalistes ne sont pas d'accord sur la classification du calao ; que les uns, à cause de la longueur disproportionnée de son bec, le considèrent comme une variété de toucans, avec lesquels il a encore ce point de ressemblance, qu'il lance en l'air sa proie pour la ressaisir et l'avaler quand elle retombe. Mais il ne peut pas comme eux grimper aux arbres et ne saurait appartenir à l'ordre des *scansoripèdes* ou grimpeurs. D'autres naturalistes affirment qu'il est *omnivore* et se rapproche davantage de la famille des corneilles et des corbeaux.

Ces divergences d'opinions résultent de la grande variété des espèces, qui, selon qu'on les étudie en Afrique, dans l'Inde, dans les Moluques ou dans la Nouvelle-Guinée, diffèrent non seulement par la taille, la couleur de leur plumage, la forme de leur bec et de sa protubérance, mais encore et surtout dans la manière de se nourrir.

Ainsi, le calao africain et une ou plusieurs espèces asiatiques sont essentiellement carnivores ; leur chair n'est pas moins repoussante par l'odeur qu'elle exhale que celle des vautours dont ils partagent les goûts ; tandis que les espèces océaniennes et celle des Moluques en particulier, ne se nourrissant que de noix muscades, ont une chair parfumée, fort appréciée des épicuriens orientaux.

En outre, dans ces mêmes régions, le bec de ces oiseaux se sillonne en vieillissant de rainures ou cannelures, dont les colons hollandais se servent pour déterminer leur âge. De là vient le nom de *yerrvogel* qu'ils leur ont donné, ce qui veut dire oiseau marquant l'année.

Nous l'avons dit, dans la situation présente, notre jeune naturaliste ne se souciait pas de communiquer ces détails à ses compagnons ; d'ailleurs il était, comme eux, beaucoup trop occupé à surveiller les mouvements du mâle.

Il s'aperçut bientôt que celui-ci n'appartenait pas à la classe des frugivores, car il tenait dans son bec quelque chose de rond qui devait être la tête et la moitié du corps d'un serpent.

Sans nul doute c'était le dîner qu'il destinait à sa compagne. Il ne la fit pas longtemps attendre ; à peine établi sur sa branche, d'un rapide mouvement de tête il lança en l'air le tronçon de serpent et le ressaisit au passage, non dans le but de l'avaler, mais pour le déposer plus commodément entre les mandibules ouvertes de la femelle, qui reçut le savoureux morceau et disparut aussitôt avec lui dans l'intérieur de son appartement.

Il tenait dans son bec la moitié du corps d'un serpent.

Le mâle ne resta pas un instant de plus sur la branche ; il avait servi le dîner, peut-être avait-il encore à se procurer le dessert.

Toujours est-il qu'il s'éleva de nouveau dans les airs avec les mêmes battements d'ailes, auxquels se joignait un cliquetis de mandibules assez semblable au jeu des castagnettes ; le tout formant un ensemble de bruits non-seulement étranges, mais bien propres à remplir d'effroi ceux qui n'y sont pas habitués.

XV.

UN MALFAITEUR A QUATRE PATTES.

L'oiseau disparut, et l'attention de nos amis se reporta sur l'éléphant. Ils espéraient découvrir dans sa manière d'être quelque chose annonçant enfin son intention de lever le siége. Mais, hélas! pas le moindre indice n'était de nature à nourrir cet espoir. Cependant, aussi longtemps que l'ennemi maintiendrait son poste, eux se verraient forcés de garder le leur : perspective qui ne laissait pas que d'être peu rassurante. Par bonheur, un autre incident attira de nouveau leurs regards vers le sycomore.

Un son doux, presque plaintif, qui n'avait aucun rapport avec le bruit produit par le calao rhinocéros, mais qui plutôt rappelait la voix humaine, sembla prononcer à plusieurs reprises : *oua.... oua.... oua....*

A l'audition du premier de ces cris, Ossaro aurait pu dire le nom de l'animal qui le proférait. Ses compagnons, moins bien renseignés, se tournèrent vers le sycomore et virent près du nid, sur la branche occupée précédemment par le mâle, un petit quadrupède plantigrade. S'ils avaient été dans une forêt d'Amérique, Karl aurait cru avoir devant les yeux un raccoon de grande taille. Cependant un examen plus attentif lui aurait fait découvrir, avec plusieurs points de ressemblance, des différences très-marquées.

Par exemple, si, comme le plantigrade américain, l'animal en question avait le corps replet, la queue touffue et richement fournie, son museau, au lieu d'être long et mince, était court et arrondi comme celui du chat. Son poil, ou plutôt sa fourrure épaisse, lisse et luisante, était d'un brun foncé, moucheté de jaune d'or, produisant un très bel effet; ce qui lui a valu le nom d'*ailurus fulgens* que lui a donné Frédéric Cuvier.

Notre chasseur hindou, pour sa part, ne le connaissait que sous les noms de *panda*, *chitoua*, ou simplement de *oua*, dérivé probablement de son cri.

Quoiqu'on ait créé pour lui un genre à part, rien dans la conformation et les habitudes du *panda* ne le sépare de la famille des blaireaux, des raccoons, des coatimondis et autres tribus de rapaces. Comme le raccoon, c'est un habile grimpeur, ce qui le rend le fléau des nids, dont il dévore les œufs et les habitants ailés. Il se nourrit également des quadrupèdes de la plus petite espèce, auxquels il ne se rend pas moins redoutable par ses instincts pillards et dévastateurs.

A peine Karl et Gaspard l'avaient-ils aperçu, que sa position sur la branche ne leur laissa aucun doute à l'égard de ses intentions criminelles.

Blaireaux.

Debout sur ses pattes de derrière, il se tenait droit comme un petit ours, et de ses pattes de devant il commençait à gratter le rempart que le calao mâle avait pris tant de peine à construire pour protéger sa famille. Il est possible que si rien ne fût venu à la traverse, il aurait réussi à forcer l'entrée du nid, malgré la faible défense de la couveuse, dont le bec, sans cesse en mouvement, témoignait de l'inquiétude que lui inspirait son redoutable assaillant.

Il était donc probable que la maçonnerie céderait à la longue aux efforts des griffes du panda, lorsque soudain se fit entendre dans les airs le bruit étrange dont nous avons déjà parlé.

Puis l'ombre de deux grandes ailes descendit sur la tête du malfaiteur, tandis qu'un immense bec dentelé, semblable à un poignard, s'avançant rapidement vers lui, le força d'interrompre son œuvre de destruction.

Ainsi pris à l'improviste, le panda perdit d'abord contenance ; car, semblable à un bon père de famille qui rentre pour voir forcer sa maison, notre calao se précipita plein de rage sur le malfaiteur.

Mais, accoutumé sans doute à de semblables attaques, ce dernier reprit bientôt possession de lui-même, et, au lieu de quitter son poste, s'y installa de façon à repousser avantageusement les coups de son adversaire.

Le combat fut acharné de part et d'autre. L'oiseau, revenant maintes fois à la charge, frappait violemment des ailes et du bec son ennemi, dont l'épaisse fourrure amortissait les coups ; tandis qu'en retour, celui-ci jouait des griffes et des dents contre la poitrine de son adversaire, qui laissait à chaque nouvelle attaque ses plumes à la bataille.

XVI.

INTERVENTION DE L'AMI FRITZ.

Il eût été facile de prévoir l'issue finale du combat, si les deux ennemis en présence étaient demeurés seuls à y prendre part. Selon toute probabilité, la mauvaise cause aurait triomphé de la bonne : l'ouverture aurait été forcée, la femelle arrachée de son nid, tuée peut-être, et les petits après elle.

Mais il était écrit que tel ne serait pas le dénoûment de ce drame. Une circonstance imprévue vint changer tout à coup le caractère de la lutte, et fut suivie d'une série d'autres incidents qui amenèrent une conclusion tout aussi inattendue par les parties belligérantes que par les spectateurs eux-mêmes.

Il se trouva que de la manière dont le panda s'était

installé sur sa branche, ses yeux étaient juste à portée de l'ouverture du nid ; mais, ne redoutant aucun danger de ce côté, il ne songeait qu'à les préserver des attaques de son adversaire. Cependant la couveuse, qui voyait fort bien ce qui se passait au dehors, n'attendait qu'une occasion favorable pour jouer son rôle, elle aussi, dans la lutte engagée. Au moment donc où l'on s'y attendait le moins, elle retira doucement son bec à l'intérieur, puis le lança de toute sa force comme un vigoureux coup de pic droit dans l'œil de l'animal et le transperça de part en part.

La couveuse lui transperça l'œil de part en part.

Frappé d'épouvante par la surprise autant que par la douleur, le quadrupède poussa un cri perçant et descendit avec précipitation pour chercher ailleurs un lieu de refuge. Malgré la perte de son œil, il serait facilement venu à bout de son dessein, si les yeux d'un nouvel adversaire dont il ne soupçonnait pas l'existence n'avaient été braqués sur lui.

Fritz, attiré par le bruit du combat, était sorti de sa retraite et s'était rapproché. Il faut bien supposer que les sympathies de l'honnête Fritz devaient pencher en faveur de l'innocence attaquée, et que ce fut ce qui le détermina, dès que le blessé fut arrivé à terre, à lui sauter dessus et à le harceler comme s'il eût été de longue date son plus mortel ennemi.

Quelque rapide qu'ait été cette nouvelle attaque, non moins inattendue que le coup de bec qui venait de le priver de son œil, le panda ne se montra nullement disposé à déserter le champ de bataille ; et bien que la lutte fût complètement inégale, il tenait à laisser comme souvenir à son nouvel agresseur une ou deux égratignures qu'il pût emporter au tombeau.

Mais en ce moment un danger singulièrement plus redoutable que les griffes du panda menaçait notre pauvre Fritz ; et s'il n'avait pas eu la chance de tourner la tête dans une certaine direction, tout en sautant sur son antagoniste, il se fût trouvé au pouvoir d'un ennemi qui ne lui aurait pas fait plus de quartier qu'il ne se proposait d'en faire au malheureux blessé.

Heureusement, comme nous l'avons dit, la chance le favorisait ; ce fut elle qui dirigea son regard du côté de son persécuteur et lui fit découvrir celui-ci au moment où, les yeux flamboyants et la trompe étendue, il se précipitait en avant pour le saisir.

En de telles circonstances, notre ami Fritz ne s'attarda pas à réfléchir ; mais, lâchant soudain sa proie, comme s'il se fût brûlé à son contact, il prit sa course dans une direction opposée à celle par laquelle approchait l'éléphant, et en moins de quelques secondes on ne vit plus de lui que l'extrémité de sa queue disparaissant sous le taillis.

De toutes les créatures qui avaient pris part à ce singulier drame, la plus à plaindre certainement fut le malheureux panda, puisqu'il dut payer de sa vie le rôle honteux qu'il s'était proposé d'y jouer. Après avoir rencontré un ennemi dans chacun des acteurs, il devint la victime du plus redoutable de tous.

Au lieu de poursuivre Fritz dans la forêt, comme il paraissait d'abord en avoir l'intention, le solitaire finit par assouvir sa colère sur le pauvre animal qui, moitié aveuglé par l'oiseau, moitié éreinté par le chien, ne s'aperçut pas de son approche, ou ne s'en aperçut que trop tard.

En effet, avant que la malheureuse bête pût faire le moindre effort pour s'échapper, le monstre l'avait déjà saisie avec sa trompe et soulevée comme une plume. Puis, en la secouant en l'air, il s'était dirigé vers l'obélisque, où, après avoir choisi un lieu favorable à l'exécution de son dessein, il déposa à terre le corps pantelant de sa victime, et le foula aux pieds jusqu'à ce qu'il ne restât plus qu'une hideuse masse de fourrure et de chair sanglante.

Ce ne fut pas sans horreur que nos amis, du haut de leur retraite, contemplèrent ce spectacle. Mais il fut bientôt suivi d'un autre d'une nature beaucoup moins désagréable, lorsque l'éléphant leur présenta la partie postérieure de son corps, en s'éloignant dans la direction de la forêt.

Sa vengeance était-elle satisfaite? ou bien allait-il seulement à la recherche de Fritz? C'est ce qu'aucun des trois spectateurs ne pouvait décider. Mais quel que fût son motif, l'ennemi n'avait pas moins levé ce siége, dont la durée avait semblé devoir être interminable.

Un soir dans les régions tropicales.

XVII.

MORT A L'ENNEMI.

Aussitôt que l'éléphant ne fut plus en vue, les assiégés tinrent conseil pour savoir s'il convenait ou non de descendre. Ils étaient singulièrement fatigués de la position qu'ils avaient dû garder jusqu'alors. Être assis sur une branche d'arbre peut sembler assez agréable au commencement; mais à la longue ce siège rustique offre divers inconvénients qui le rendent tout à fait insupportable.

Gaspard en particulier n'acceptait qu'avec peine cette inaction forcée; à plusieurs reprises il avait été sur le point d'abandonner son perchoir et de se glisser à terre pour saisir les fusils; mais chaque fois son frère l'avait prudemment retenu.

Ils étaient tous trop désireux d'abandonner leur retraite pour n'être pas descendus aussitôt après le départ du solitaire, s'ils avaient été certains que ce départ fût définitif. Mais avec un animal aussi rusé, ce pouvait n'être qu'une feinte, une tactique, pour les attirer dans un piège. Force leur était donc de se tenir sur leurs gardes.

Ossaro mit un terme aux délibérations en offrant de descendre le premier et d'aller à la découverte. Comme il pouvait se glisser dans l'herbe avec la souplesse et la prudence du serpent, pourvu qu'il n'allât pas trop loin, sa tentative n'offrirait aucun danger. Par ce moyen, il saurait si leur redoutable adversaire avait abandonné la place pour tout de bon; et dans le cas contraire, s'il faisait mine de revenir sur ses pas, ou même si, ayant aperçu l'Hindou, il se remettait à sa poursuite, celui-ci chercherait de nouveau un refuge à l'ombre de leur forteresse.

Sans attendre le consentement de ses compagnons, il n'eut pas plus tôt exposé son plan d'opération, que de branche en branche il fut en un clin d'œil au pied de l'arbre, et bientôt après sur la trace de l'éléphant. Les deux frères restèrent quelques minutes encore sur leur perchoir; mais, Ossaro ne revenant pas aussi vite qu'ils l'avaient espéré, l'impatience les gagna, eux aussi, et ils mirent pied à terre.

Leur premier soin fut de relever leurs armes et de les recharger ; puis, après s'être installés dans une position d'où, en cas d'attaque, ils pouvaient promptement se remettre à couvert dans les branches, ils attendirent le retour du vieux chasseur.

Un temps qui leur parut fort long s'écoula sans qu'ils

vissent rien paraître, et sans que le silence qui régnait autour d'eux fût interrompu par d'autres bruits que celui des ailes du calao, qui planait encore dans le voisinage, comme pour découvrir quelle mystérieuse circonstance l'avait débarrassé de son adversaire d'une manière si subite.

Mais les mouvements de l'oiseau n'avaient plus aucun intérêt pour les deux jeunes gens, qui commençaient à s'inquiéter de l'absence prolongée de leur guide.

Heureusement ils furent enfin délivrés de leurs appréhensions en le voyant sortir du bois et s'avancer vers eux d'un pas rapide. Au plaisir qu'ils en éprouvèrent se joignit celui de voir Fritz gambader derrière ses talons.

A mesure qu'il se rapprochait, les deux frères découvrirent à la physionomie de l'Hindou et à sa marche précipitée qu'il avait une communication importante à leur faire.

— Eh bien! Ossy, quelles nouvelles? s'écria Gaspard, toujours le premier à prendre la parole; qu'est devenu ce vieux brigand?

— Ah! brigand, oui! répliqua Ossaro d'un son de voix empreint d'une certaine terreur. Vrai brigand, si être pas pire!

— Eh quoi! auriez-vous découvert quelque chose de nouveau depuis que vous nous avez quittés?

— Oui, sahib; où vous croire lui être allé?

— Où donc?

— Lui être allé à la hutte.

— A la hutte!...

— Oui, tout droit! Ah! sahib, continua le vieux chasseur à voix basse, et d'un air profondément troublé, cet animal être trop sage pour ce monde, en savoir trop long. Lui être pas un éléphant du tout! Lui être le démon sous cette forme. Pourquoi lui retourner là-bas?...

— Pourquoi? reprit Gaspard. Dans la pensée sans doute de nous y trouver. Si tel est son but, nous n'aurons plus un instant de repos tant qu'il sera en vie. Il nous faut absolument le tuer, ou bien il nous tuera.

— Sahib, fit Ossaro avec un mouvement de tête significatif, nous pas pouvoir tuer lui. Cet éléphant, jamais mourir.

— Quelle absurdité! reprit Gaspard avec dédain. Nous parviendrions à le tuer sans aucun doute, si nous lui logions une bonne décharge dans la cervelle; et plus tôt nous en viendrons là, mieux cela vaudra. Il est évident qu'il n'est allé à la hutte que dans une mauvaise intention. Il se souvient probablement que c'est là qu'il a rencontré le chien pour la première fois, et il espère l'y retrouver encore. Allons, Fritz, mon vieux camarade, ne t'en trouble pas; tu peux lui échapper; tes maîtres, eux, courent de plus grands risques que toi.

— Ainsi vous êtes sûr qu'il est allé à la hutte? dit Karl, resté jusque-là silencieux, et s'adressant à Ossaro.

Celui-ci avait suivi les traces de l'éléphant tout le long de la lisière du bois, puis était monté sur un arbre et l'avait vu de loin prendre cette direction; il n'en savait pas davantage.

— Ce qu'il y a de certain, reprit le botaniste après un nouvel intervalle de silence, c'est que nous ne pourrons rien entreprendre tant que cet animal sera sur notre chemin. Maintenant que nous l'avons blessé, il nous poursuivra de sa vengeance ; et ce que tu dis, frère, est vrai : nous n'aurons plus aucune sécurité tant qu'il sera en vie. Notre salut dépend de sa prompte destruction.

— Eh bien ! en avant ! s'écria Gaspard, et que notre mot d'ordre soit désormais : Mort à l'ennemi !

XVIII.

RUINE ET DÉVASTATION.

Sans plus tarder, nos trois amis reprirent le chemin de leur demeure par la route que le solitaire avait tracée, parce qu'elle était la plus directe.

Ossaro avait trop souvent suivi la piste de l'éléphant sauvage dans les jungles pour ne pas être au fait de sa manière de voyager. Ce fut donc avec connaissance de cause qu'il fit remarquer à ses compagnons que leur ennemi n'avait même pas pris le temps de manger, puisque ni feuille ni tige ne portaient la trace de ses dents; et il en conclut que le vindicatif animal poursuivait un but bien arrêté, qu'il avait eu hâte d'accomplir.

Ce fut avec la plus grande circonspection que nos trois amis avancèrent; ils tenaient en éveil leurs yeux et leurs oreilles, gardaient le plus profond silence ou ne parlaient qu'à voix basse. Mais, en approchant de leur rude habitation, la proximité du solitaire, qui peut-être était encore sur les lieux, et l'impossibilité de trouver dans le voisinage un arbre ou toute autre place de sûreté en cas d'attaque, les firent redoubler de prudence. La route les conduisait sur la lisière d'un haut fourré qu'il fallait traverser avant de pouvoir découvrir la hutte. Ce trajet ne se fit qu'avec une extrême inquiétude; des traces toutes fraîches prouvaient que l'ennemi y était passé peu de temps avant eux.

Ainsi il n'était plus possible d'entretenir de doute, de se faire aucune illusion ; n'ayant pu les découvrir sur le lieu de l'attaque, le monstre altéré de vengeance était venu les chercher, les attendre peut-être à la hutte.

Par ce qu'ils découvraient en lui de combinaisons malfaisantes, nos amis ne purent se défendre d'attribuer à cet animal une intelligence presque surnaturelle. Toute fausse qu'était cette impression, elle ne laissa pas moins dans leur esprit un sentiment d'appréhension très pénible. Cette appréhension non seulement grandit, mais encore se transforma en une véritable terreur, lorsqu'en sortant du fourré, au lieu de la hutte qu'ils auraient dû voir à deux cents pas devant eux, ils n'aperçurent plus que des décombres.

Pierres, poutres, chaume, tout gisait épars sur le sol; les couches d'herbe sèche qui servaient de literie, les ustensiles de ménage et leur contenu lancés au loin, foulés aux pieds, jonchaient la terre en tous sens. Rien ne rappelait une habitation humaine ; mais une ruine informe, où l'on eût vainement cherché deux pierres restées debout, était tout ce qui indiquait la place naguère occupée par cette primitive demeure.

Un temple de Brahma.

Ce fut avec un sentiment d'effroi, disons plutôt d'épouvante, que ce désastre fut contemplé par ceux qui en étaient les victimes. L'ignorant adorateur de Brahma et de Vichnou ne fut plus seul troublé par ses craintes

Une ville de l'Inde.

superstitieuses ; ses jeunes compagnons chrétiens commençaient à les partager à leur tour.

Ils comprenaient assez à qui ils étaient redevable de ce désastre et ne pouvaient hésiter à voir en tout ceci l'œuvre de l'éléphant. Ce qui les confondait, c'était l'intelligence humaine, ou plutôt diabolique, qui avait guidé l'animal en ce lieu, et l'avait poussé à cet acte de vengeance qui n'était peut-être que le prélude de ce qu'il méditait encore.

Il ne pouvait y avoir que peu de temps que cet acte de vandalisme avait été accompli; cependant le solitaire n'était visible nulle part. Ce fut en vain que le regard de nos amis interrogea tous les points de l'horizon, il ne put rien découvrir. Et pourtant, redoutant toujours quelque surprise, ils restaient encore sous le couvert du fourré. Ce ne fut qu'après un laps de temps assez considérable qu'ils s'aventurèrent sur le lieu du désastre et purent en mesurer l'étendue.

Mais ce qui devait les affecter bien plus que la ruine totale de leur habitation, c'était de voir leur petite provision de poudre, qu'ils avaient jusque-là si soigneusement ménagée, mêlée parmi les décombres à la poussière de la terre. La gourde dans laquelle ils la gardaient avait été, avec d'autres objets de même genre, broyée par l'animal furieux.

Leurs provisions de bouche, également foulées sous les pieds, étaient écrasées sur le sol. Cependant ils pourraient s'en procurer d'autres, quoique plus difficilement que par le passé ; mais la poudre, comment la remplacer ? C'était une perte irréparable, qui augmentait encore l'horreur de leur situation.

XIX.

LA SEULE CHANCE DE SALUT.

Ils seraient restés plus longtemps à se lamenter en ce lieu, s'ils n'avaient craint le retour de leur implacable ennemi. Où pouvait-il être ? Telle était la question qu'ils s'adressaient les uns aux autres, tout en lançant autour d'eux des regards inquiets.

Il n'avait disparu que depuis peu d'instants, comme le prouvait l'humidité des plantes écrasées sous ses pieds ; d'autre part, on aurait pu le distinguer à plus d'un quart de mille à la ronde ; car, dans tout ce parcours, pas un bouquet d'arbre n'était assez épais pour le dérober à la vue.

Ainsi le pensaient Karl et Gaspard ; mais Ossaro était d'une opinion toute différente. Sa longue expérience lui avait appris que l'éléphant sait se cacher avec une merveilleuse habileté dans les endroits peu couverts ; qu'il choisit la place la plus convenable, et que là, sans se coucher, ni s'accroupir, il reste parfaitement immobile et parvient souvent à dissimuler sa présence même aux regards du chasseur le plus vigilant. D'où il en concluait que le fourré qu'ils venaient de traverser était plus que suffisant pour l'abriter, et que non seulement leur ennemi avait pu y trouver un refuge, mais qu'il y était actuellement caché.

Ses jeunes auditeurs avaient peine à le croire. Malheureusement l'assertion de l'Hindou devait être bientôt confirmée par les faits.

Pendant que leur attention était toute concentrée sur ce point, un léger mouvement se manifesta vers le centre du fourré, suivi un instant après par la levée d'une couple de magnifiques faisans connus sous le nom d'argus. Ceux-ci prirent leur vol en jetant dans les airs un véritable cri d'alarme, s'éloignèrent à tire-d'aile, passèrent comme un trait au-dessus de nos amis, et par leurs clameurs provoquèrent la colère de Fritz, qui l'exprima par un aboiement prolongé.

Soit qu'il se fût tenu en embuscade, en attendant un moment favorable pour recommencer l'attaque, soit que la voix bien connue et détestée du chien eût réveillé chez l'ennemi sa soif de vengeance, toujours est-il qu'avant de pouvoir échanger deux paroles, les infortunés virent apparaître hors du fourré l'énorme masse de l'éléphant, qui s'avança vers eux d'un pas mesuré mais rapide.

Ils restèrent d'abord immobiles à leur place, non avec la pensée de l'attendre de pied ferme et de se mesurer avec lui, mais parce qu'ils ne savaient où fuir.

Leur stupeur était si complète, que pas un d'eux ne put suggérer un moyen de salut. Par un mouvement plus machinal que réfléchi, les deux frères épaulèrent leurs fusils et les déchargèrent en plein visage de l'ennemi; mais celui-ci n'en continua pas moins sa marche en avant.

Cependant Ossaro ne jugea pas nécessaire de tendre son arc, l'expérience lui en ayant démontré le matin même la parfaite inutilité. Au lieu de perdre un temps précieux en une vaine et puérile résistance, son regard rapide interrogeait l'espace pour y chercher un lieu de refuge.

Il est vrai que l'emplacement était des moins favorables : il ne s'y trouvait aucune saillie de rochers où l'on pût se retirer; le fourré seul pourrait leur offrir un abri temporaire, mais l'ennemi les en séparait, et prendre cette direction était tout simplement se précipiter au-devant de sa terrible trompe.

Par bonheur, une chance de salut apparut à ses yeux sous la forme d'un arbre, le seul qui fût à sa portée, celui auquel déjà il devait la vie, puisque c'était le même dont s'était aidé Gaspard pour l'arracher au banc de sable qui allait l'engloutir.

Cet arbre était d'une belle venue : rien n'ayant gêné sa croissance, il étendait sa forte ramure dans toutes les directions, et couvrait presque entièrement de son ombre une des petites baies que formait le lac en cet endroit.

Sans perdre de temps, Ossaro appela ses compagnons et leur fit signe de suivre son exemple, au moment où il se précipitait vers l'arbre avec toute la vitesse dont il était capable. Ce ne fut que lorsqu'il en eut atteint à peu près les deux tiers de la hauteur qu'il se retourna pour voir si les jeunes gens avaient répondu à son appel.

En effet, tous deux étaient là et arrivaient au sommet de l'arbre presque en même temps que lui.

XX.

UN TERRIBLE ASSIÉGEANT.

Fritz avait suivi ses maîtres jusqu'au pied de l'arbre ; mais la conformation de ses pattes ne lui permettant pas de grimper, il ne put aller plus haut. Cependant il n'entrait pas dans ses intentions de rester là impassible. Aussi, lorsqu'il ne vit aucune chance d'éviter l'attaque du solitaire, se hâta-t-il de plonger dans l'eau et de gagner l'autre bord de la baie à la nage ; après quoi il se blottit au plus épais des roseaux qui croissaient sur ce côté du lac.

Mais cette fois l'éléphant ne fit aucune attention au quadrupède ; ses yeux étaient fixés sur les chasseurs, et leur vue aiguillonnait ses désirs de vengeance. Il les suivit de si près, que Karl et Gaspard n'eurent que le temps de jeter à terre leurs fusils et de grimper avec une incroyable rapidité. Le moindre délai leur eût été fatal ; une seconde de plus, et c'en était fait d'eux.

Karl montait le dernier. Au moment où son pied quitta l'une des grosses branches inférieures, le solitaire l'entoura de sa trompe et la brisa comme un frêle roseau. Par bonheur, notre ami et ses compagnons se trouvaient hors de son atteinte, et ils se félicitèrent d'avoir une fois encore échappé à la mort.

Cependant la fureur du solitaire était à son comble ; non seulement il se voyait trompé dans ses désirs de vengeance, mais les trois coups de feu, sans avoir pénétré toute l'épaisseur de sa peau, le faisaient assez souffrir pour lui causer une irritation extrême.

Il fit donc entendre son cri de guerre ; puis, brandissant sa formidable trompe, il se saisit de toutes les branches à sa portée, qu'il brisa comme de minces rameaux.

En moins de rien, le tronc, à la hauteur de sept mètres environ, fut entièrement dépouillé de sa luxuriante parure, qui joncha le sol, et sur laquelle le monstrueux animal se mit à piétiner avec rage.

Non content d'avoir accompli cette œuvre de destruction, il saisit le tronc lui-même et le secoua dans l'intention de le déraciner. L'inutilité de ses efforts lui fit changer de tactique ; il y appuya son épaule et le poussa de toute sa force dans l'intention de le renverser. Mais il parvint à peine à lui imprimer une légère secousse. Ce que voyant, il renonça à son dessein.

Toutefois il ne manifesta aucune intention de quitter la place.

En dépit de leur sécurité présente, les réflexions de nos amis n'avaient rien de fort encourageant ; l'avenir, au contraire, les remplissait de cruelles angoisses. Comment se défaire de leur ennemi, maintenant que, par une sorte de calcul, il a su les priver du peu de munitions qui leur restaient? A l'abri de quelles murailles pourront-ils habiter, puisqu'un instant a suffi

Singe dans un arbre.

à leur redoutable ennemi pour détruire la plus solide bâtisse qu'ils fussent capables de construire? La perspective de vivre désormais au sommet des arbres, comme des singes ou des écureuils, pour être hors de sa portée, leur semblait tout à fait inadmissible. Que faire? et comment sortir d'une aussi fâcheuse situation?

Depuis longtemps ils se posaient ce problème, sans en trouver la solution, lorsque tout à coup le souvenir de la caverne se présenta à la pensée de Gaspard. On ne peut y pénétrer que par une échelle, ce qui en rend l'entrée inaccessible à leur terrible persécuteur; aussitôt donc qu'ils pourront sortir de leur embarras actuel, le plus sage sera d'y chercher un refuge.

Ce fut à ce parti que s'arrêtèrent nos pauvres assiégés.

XXI.

LE SUPPLICE DE TANTALE.

L'idée d'adopter la caverne pour demeure n'était pas mauvaise ; elle procura à nos amis un peu de tranquillité au milieu de leurs tribulations. Mais en somme c'était peu de chose ; car, en admettant qu'ils y fussent à l'abri des attaques de l'éléphant, ils n'en seraient guère plus avancés. D'une part, l'obscurité les empêcherait de travailler à leurs échelles ; de l'autre, chaque heure passée au dehors, pour se procurer le bois dont elles devraient être faites, les exposerait au danger de rencontrer de nouveau leur implacable ennemi ; ce qui ne laissait pas que d'être fort peu rassurant, même en ayant la caverne pour retraite.

Comme l'éléphant demeurait calme depuis quelques moments, les trois chasseurs jouissaient d'une sorte de trêve ; leur sécurité ne fut cependant pas de longue durée.

Combien de temps allaient-ils être obligés de rester sur cet arbre ? Telle fut la pensée qui ne tarda pas à se présenter à leur esprit, et à les remplir d'inquiétude, à mesure que la situation se prolongeait. Aucun d'eux ne pouvait résoudre la question d'une manière satisfaisante. Tous comprenaient, au contraire, que ce nouveau siège promettait d'être aussi long, sinon plus encore, que celui qu'ils avaient déjà subi, puisque l'éléphant, animé d'une rage implacable, manifestait une ferme résolution de maintenir son poste indéfiniment.

Cette fâcheuse circonstance entraînait après elle des conséquences bien propres à remplir d'anxiété les natures même les plus optimistes.

Sans parler de la fatigue de se tenir à cheval sur des branches étroites, si le siège devait se prolonger, n'avaient-ils pas à craindre de souffrir, comme tous les assiégés, les tortures de la faim? Ils n'en sont encore qu'au début, et déjà ils se sentent affamés comme des loups. Il est vrai qu'ils n'ont rien pris de la journée, depuis leur léger déjeuner du matin, et l'après-midi est déjà assez avancée ; si l'ennemi continue sa faction toute la nuit, ils se verront forcés de se coucher sans souper.

Mais se coucher est facile à dire, et beaucoup moins facile à exécuter. Dans les circonstances présentes, il est plus que probable qu'ils devront se passer de dormir tout aussi bien que de manger ; car, s'ils ont le malheur de s'abandonner au sommeil, un seul instant, dans la position incommode qu'ils occupent, il peut leur arriver de perdre l'équilibre et de tomber sur les épaules de leur vigilant ennemi ; même en ayant la précaution de s'attacher à l'arbre, il leur serait impossible de goûter le repos. Il faut donc en prendre son parti et renoncer au sommeil comme au souper.

Mais il est une autre souffrance dont ils ressentent les atteintes et qu'ils redoutent plus encore que le besoin de nourriture ou de repos : c'est la soif. Tous les exercices de la journée : excursion du matin, fuite précipitée, gymnastique le long des arbres, passage clandestin à travers le fourré, sans parler des vives émotions que les évènements leur ont occasionnées, tout a contribué dans ce jour néfaste à leur donner une soif ardente, que l'eau miroitant à leurs pieds augmente encore, au lieu de diminuer. Depuis longtemps ils souffrent sans espoir de soulagement, et la proximité des eaux limpides du lac leur fait réaliser d'une manière douloureuse le supplice de l'infortuné Tantale.

Soudain une exclamation de Gaspard attire l'attention de ses deux compagnons.

— Idiots que nous sommes ! s'écrie-t-il, à quoi avons-nous donc pensé tout ce temps ? Rester là tous les trois à crever de soif, quand nous avons de l'eau à notre portée !

— A notre portée, Gaspard ! Ah ! si tu disais vrai ! reprend Karl d'un ton découragé.

— Certainement à notre portée, tiens, regarde plutôt.

En parlant ainsi, le jeune homme montra sa poire à poudre à son frère, qui ne le comprenait pas encore.

— Qu'est-ce qui nous empêche de la faire descendre et de la remonter pleine d'eau? Absolument rien. Avez-vous un bout de corde ou de ficelle, Ossy?

— Oui, sahib, répond l'Hindou.

Et, sans perdre de temps, il présente au jeune homme l'objet demandé.

— Ce sera assez long, dit Gaspard, en saisissant la corde, dont il entoure le goulot de sa bouteille improvisée.

Après en avoir retiré un reste de poudre, qu'il met dans sa gibecière, il la fait descendre et la laisse dans l'eau le temps de se remplir. Puis, avec une exclamation de joie, il la remonte et la présente à son frère, en lui recommandant de boire autant que le cœur lui en dira. Karl obéit sans la moindre résistance.

La bouteille, ainsi vidée, redescendit une seconde fois pour remonter de la même manière, et ainsi de suite jusqu'à ce que tous fussent suffisamment désaltérés.

XXII.

PLUS D'EAU QU'ON N'EN DÉSIRE.

Cette ingénieuse idée de Gaspard venait de procurer à nos assiégés un soulagement véritable, qui leur permettait d'envisager avec plus de philosophie les difficultés de leur situation, lorsque tout à coup, à leur grand étonnement, ils se virent soumis à un genre d'attaque fort inattendu.

Etait-ce la vue de la poire à poudre et de son immersion qui lui en suggéra l'idée, ou bien lui serait-elle venue tout naturellement? C'est ce que nous ne saurions décider. Toujours est-il que, lorsqu'elle fut remontée pour la dernière fois, l'éléphant descendit à son tour dans l'eau et y plongea profondément sa trompe, comme pour boire.

Il resta quelques instants dans cette position, sans doute pour satisfaire une soif impérieuse. Ainsi le pensaient du moins nos amis, qui, du haut de leur retraite, surveillaient ses mouvements. Pourquoi ne serait-il pas altéré, lui aussi? et quelle autre raison que celle d'étancher sa soif aurait pu le déterminer à agir comme il le faisait présentement?

Cependant, quelque chose dans son allure et dans sa manière d'absorber l'eau semblait indiquer une intention différente. On sut bientôt à quoi s'en tenir à cet égard; et si les spectateurs n'avaient pas été les victimes de cette mauvaise plaisanterie, ils en auraient ri de bon cœur. Mais de la manière que les choses se passèrent, aucun d'eux n'éprouva la moindre tendance à la gaîté.

Quand il eut bien rempli sa trompe, notre éléphant la releva, et, la dirigeant avec le sang-froid et la précision d'un astronome qui ajuste son télescope, il lança tout le liquide qu'elle contenait en plein visage de nos malheureux assiégés. Tous les trois étaient précisément assis les uns à côté des autres, et ils reçurent en même temps, et dans les mêmes proportions leur part de cette aspersion diluvienne.

En moins de rien ils furent inondés de la tête aux pieds, et il ne resta pas une partie de leurs vêtements qui ne fût trempée comme s'ils avaient été exposés des heures entières à une pluie torrentielle.

La malignité de l'éléphant n'était cependant pas satisfaite de cette première douche; aussitôt que sa provision d'eau fut épuisée, il se hâta de la renouveler et recommença le même manège, qu'il continua sans se lasser une douzaine de fois environ.

La situation des trois victimes n'était rien moins qu'enviable. Cette masse de liquide, lancée contre elles avec la force d'une pompe à vapeur, menaçait chaque fois de les désarçonner, pour ne rien dire de la sensation fort désagréable que leur infligeait la douche elle-même.

L'éléphant lança tout le liquide en plein visage de nos malheureux assiégés.

Il serait assez difficile de deviner le but que se proposait l'éléphant en manœuvrant de la sorte. Peut-être avait-il conçu l'idée de les forcer par ce moyen à descendre de l'arbre, ou bien n'avait-il voulu que leur rendre la position aussi désagréable que possible, afin de satisfaire sa vengeance dans une certaine mesure.

Il serait également difficile de dire s'il n'aurait pas continué à les asperger ainsi pendant de longues heures, sans une circonstance particulière qui amena une conclusion non moins imprévue par le grand pachyderme que par ses victimes, qui allaient en être les témoins.

XXIII.

ENGLOUTISSEMENT.

Pendant qu'il était occupé à faire manœuvrer sa machine hydraulique avec une véritable satisfaction, on vit tout à coup l'éléphant s'arrêter : imprimer à son corps un mouvement de bascule, lever tantôt une épaule, tantôt l'autre, décrire dans les airs des circuits avec le bout de sa trompe, et en tirer non plus de l'eau, mais des cris de détresse, que lui arrachait la souffrance ou la peur.

Très probablement il était sous l'empire d'une grande frayeur. Que lui arrivait-il? Quel ennemi, quel danger pouvait-il redouter? C'est ce que se demandait chacun des deux frères ; mais, avant d'avoir pu se communiquer leurs pensées, le vieux chasseur leur donna la clef de ce mystère par cette exclamation triomphante :

— Hourra! Gloire au grand dieu du Gange! Lui délivrer nous du brigand! Ah! ah! lui descendre et enfoncer dans le sable où Ossaro avoir manqué d'être englouti. Ah! ah! lui enfoncer, enfoncer toujours.

Ces exclamations furent un trait de lumière pour nos amis. Ils surveillèrent les mouvements de l'animal et virent qu'en effet il s'enfonçait d'une manière insensible, mais certaine.

Quand il était entré dans le lac, ils avaient remarqué que l'eau ne s'élevait qu'à la hauteur de ses genoux, et maintenant il en avait jusqu'aux flancs.

D'ailleurs, ses violents efforts pour dégager tantôt le côté droit, tantôt le gauche, ses cris répétés, les mouvements de sa trompe, qui se dirigeait dans tous les sens comme pour saisir un point d'appui, tout prouvait l'exactitude de l'affirmation d'Ossaro. Il n'y avait pas à en douter, leur ennemi allait être avant peu enseveli dans les sables mouvants sous les flots.

Cinq minutes plus tard, l'eau couvrait ses reins, et, gagnant peu à peu, elle atteignit les épaules, qui disparurent bientôt après, ne laissant plus à la surface que la tête et la trompe. Celle-ci, continuellement agitée d'une sorte de vibration convulsive, tantôt battait l'onde avec rage, ou bien oscillait faiblement, mais jetait encore de temps à autre un cri d'agonie.

Enfin la tête et la mâchoire inférieure, jusque-là soulevées, disparurent à leur tour, ne laissant plus après elles de visible que la trompe, qui ne ressemblait pas mal à un énorme saucisson de Bologne. Il n'en sortait plus aucun cri, mais une sorte de gargouillement qui semblait annoncer la fin prochaine de la lutte.

Karl et Gaspard, du haut de leur retraite, contemplaient cette scène étrange avec un sentiment d'épouvante, dont leurs visages portaient la trace; mais Ossaro était animé de dispositions tout opposées. Quand il vit l'éléphant bien et dûment enferré dans le gouffre qui avait failli l'engloutir lui-même, en un clin d'œil il fut à terre, et pendant quelques moments, il se prit à considérer les derniers efforts que faisait l'animal pour se libérer.

Puis, comme il ne pouvait lui pardonner le dommage fait à sa tunique, il l'apostropha de la manière la plus injurieuse; et quand enfin il n'y eut plus au dessus de l'eau que la dernière moitié de la trompe ennemie, Ossaro n'y tint plus; saisissant son long couteau de chasse, il se précipita en avant et d'un seul coup trancha en deux cette masse charnue, aussi lestement que la faucille du moissonneur détache l'épi dans nos guérets.

La partie ainsi amputée disparut immédiatement sous les flots. Une écume sanglante fut alors le seul vestige que laissa après elle cette bête monstrueuse en disparaissant pour toujours de la surface de la terre.

Mais que dis-je pour toujours?... Peut-être, dans les âges futurs, la pelle ou la pioche d'un ouvrier des carrières découvrira son cadavre fossile au milieu des sables qui l'ont englouti, et quelque naturaliste en enrichira l'un de nos muséums.

Nos amis se félicitèrent hautement de l'heureuse chance qui les délivrait d'un si dangereux ennemi.

En les entendant parler et ne les voyant plus sur l'arbre, Fritz se décida, lui aussi, à quitter sa retraite ; et tandis qu'il revenait à la nage pour rejoindre ses maîtres, l'honnête chien se doutait peu être si près du formidable ennemi qui tant de fois lui avait donné la chasse.

Cependant, tout incapable qu'il était de se rendre compte de l'étrange évènement survenu en son absence, la couleur de l'eau en un certain endroit, ou plus probablement l'odeur du sang, le détermina à pousser quelques aboiements furieux ; mais ce furent les derniers provoqués par l'éléphant.

Fritz.

Fritz reçut sa part de félicitations. Bien que le fidèle animal eût déserté le champ de bataille chaque fois qu'il s'était vu attaqué, nul ne songea à lui en faire un crime, ni à tenir son courage en moins haute estime pour cela. Il fut décidé au contraire qu'il avait fait preuve de beaucoup de sagesse et de prudence, en se dérobant aux chances d'une lutte par trop inégale ; que, sans sa fuite, il eût été tué près de l'obélisque, et l'éléphant, toujours en vie, n'aurait peut-être pas encore levé le premier siège. D'ailleurs, n'était-ce pas lui qui par son cri d'alarme avait préparé ses maîtres à la rencontre de l'ennemi ?

Tous furent donc unanimes dans leurs éloges et le jugèrent digne de récompense. Ossaro avait à cet égard ses idées particulières, et lui réservait pour son dîner un savoureux morceau de trompe d'éléphant. Par malheur, à son grand regret, le tronçon qu'il avait si artistement découpé l'ayant suivi de près dans sa chute, son autre moitié ne put être découverte nulle part.

Tout désappointé qu'il était, l'Hindou ne jugea pas prudent d'entreprendre de la repêcher ; mais il se hâta de rejoindre les jeunes sahibs, qui étaient déjà en marche pour retourner à la hutte.

XXIV.

LE DÉODORA.

Nos amis avaient abandonné l'idée de se retirer dans la caverne, puisque le danger qui l'avait suggérée venait de cesser avec la vie de l'éléphant. Il était peu probable qu'il y eût un autre solitaire dans la vallée. Ossaro même les rassurait à cet égard, en affirmant que jamais deux animaux de ce genre ne se rencontrent dans un même district, attendu qu'en raison de leur humeur farouche, l'un des deux tombe toujours victime de la fureur de son antagoniste.

Il est vrai qu'ils pouvaient avoir encore d'autres voisins tout aussi redoutables. Mais, contre la panthère, le léopard, les tigres ou les ours, la caverne ne serait pas une retraite plus sûre que la hutte elle-même. Ils pouvaient reconstruire celle-ci plus solidement que par le passé, et au moyen d'une porte massive se garantir des visiteurs nocturnes.

Le mieux était donc de se mettre à l'œuvre aussitôt après le dîner, dès que leurs vêtements seraient suffisamment secs, et c'est à ce parti qu'ils s'arrêtèrent.

Ce travail leur demanda plusieurs jours; mais cette fois il fut exécuté dans des conditions infiniment meilleures. L'hiver se faisait déjà sentir; il devenait nécessaire non-seulement de boucher soigneusement avec de l'argile les moindres fentes des murailles, mais de construire une vaste cheminée et de fermer la cabane par une porte solide et bien close.

Ils reconstruisirent leur cabane et y mirent une porte solide et bien close.

Ces précautions prises, ils seraient à l'abri des rigueurs de la saison et de toute attaque extérieure. D'autre part, grâce à leurs peaux d'yack soigneusement conservées, et à celles des animaux à fourrures tués à la chasse par Gaspard, ils se voyaient pourvus d'un utile supplément de manteaux et de couvertures, qui devaient les préserver des atteintes du froid au dehors comme au dedans, de jour comme de nuit.

Certes ils se seraient estimés heureux s'ils n'avaient pas eu plus d'inquiétude pour leurs provisions de bouche. L'éléphant, on s'en souvient, ne s'était pas contenté de fouler aux pieds et de détruire une bonne partie de celles qu'ils avaient en réserve, mais, en les privant de munitions, leur avait ôté les moyens de s'en procurer d'autres. En attendant qu'ils pussent remédier à ce désastre, ils convinrent de se rationner pour faire durer le peu qui leur restait de bœuf jusqu'à la fin de leur captivité, et ce résidu soigneusement nettoyé fut placé en un lieu sûr. Le cas d'ailleurs n'était pas désespéré ; l'arc et les flèches d'Ossaro suppléeraient en partie au manque de poudre, tandis que des trappes et des pièges arriveraient bien de temps à autre à leur fournir quelque pièce de gibier.

Toutes ces choses ainsi réglées, ils en revinrent à leur grand projet avec un zèle tout nouveau. Mais, avant de rien entreprendre, ils terminèrent l'inspection des rochers, si brusquement interrompue par la rencontre du solitaire.

Malgré la plus scrupuleuse attention, ils ne découvrirent aucun autre endroit qui fût mieux approprié au but qu'ils se proposaient d'atteindre, que celui déjà mentionné. Dès lors, sans s'arrêter à calculer les chances plus ou moins certaines de réussite, ils résolurent de procéder de suite à la fabrication des échelles.

La première chose à faire était de se procurer une quantité suffisante de troncs d'arbre de la hauteur voulue ; pour cela, ils pensaient avoir recours au magnifique pin du Thibet, lorsqu'ils découvrirent un autre arbre de fort belle venue également, qui répondait mieux encore à leurs besoins. C'était le cèdre : *pinus deodora*.

Rien ne pouvait consoler Ossaro de l'absence de ses chers bambous, avec lesquels, prétendait-il, le travail aurait été fait en quatre fois moins de temps qu'avec tout autre bois, sans parler de la légèreté qui eût été un avantage inappréciable pour l'usage auquel les échelles étaient destinées

Il en croissait dans la vallée une espèce nommée *ringall* ; mais ce bambou, étant insuffisant sous le rapport des dimensions et de la solidité, ne pouvait remplacer celui du Bengale, et Ossaro se lamentait en songeant qu'ils en avaient rencontré dans les parties basses de l'Himalaya qui n'avaient pas moins de trente-trois mètres de haut.

Le déodora atteint également cette hauteur dans des conditions favorables de développement ; et son tronc mesure jusqu'à trois mètres de diamètre. A défaut de bambous, ce fut donc sur lui que s'arrêta le choix des travailleurs.

Cet arbre, que l'on nomme cèdre dans la région indienne de l'Himalaya, a été depuis longtemps introduit en Europe sous son appellation de déodora, mais il appartient à la famille des pins.

Bien qu'il croisse à toutes les hauteurs et dans tous les terrains, il semble cependant préférer les collines peu élevées. Il est très apprécié à cause de la grande quantité de goudron que l'on en extrait. Ce produit diffère cependant du goudron ordinaire en ce qu'il est plus liquide et d'un rouge foncé. Il a une odeur très âcre. On le nomme *huile de cèdre*, et il est employé par les montagnards de ces pays pour combattre les maladies scrofuleuses des bestiaux et les maladies cutanées dont ils sont eux-mêmes attaqués.

Lorsque le déodora pousse en futaie épaisse, les troncs se développent en hauteur, avec des branches courtes, et ils affectent alors la forme de cônes aigus. Si, au contraire, ces arbres croissent isolés, ou bien à une distance assez considérable les uns des autres, leur développement est tout opposé. Ils étendent horizontalement de longues et fortes branches ; et comme les rameaux et les feuilles dont elles se composent prennent aussi cette direction, chacune de ces branches présente une surface plane comme celle d'une table.

Le déodora est très estimé comme bois de construction, parce qu'il se divise facilement en planches ; avantage précieux dans un pays où la scie est presque inconnue.

Dans la vallée de Cachemire, on emploie le bois du déodora pour construire des ponts, dont la durée prouve que ce bois est presque impérissable. Une partie de ces ponts reste sous l'eau plus de six mois de l'année, et pourtant il en est qui, après un siècle d'existence, sont encore en parfait état de conservation.

Mais la croissance de cet arbre est fort lente ; c'est pourquoi il ne peut être employé en Europe que pour l'ornement des parcs ou des jardins.

Ce fut principalement à cause de sa facilité à se fendre que nos amis firent choix du déodora. Mal outillés comme ils l'étaient, n'ayant pour toutes ressources que leurs couteaux et la petite hache d'Ossaro, cette propriété était inappréciable à leurs yeux.

Pendant qu'ils étaient tout occupés de leur trouvaille, l'attention de Karl fut attirée sur une autre espèce de pin, dont le bois térébenthineux fournit d'excellentes torches. Cet arbre, connu sous le nom de *chil*, est employé dans toutes ces régions pour servir de chandelles. A ce point de vue, dans les circonstances où se trouvaient nos amis, il pouvait leur être d'une grande utilité pendant les longues soirées d'hiver.

Les indigènes de ces montagnes transforment sa résine en un onguent fort estimé pour la guérison des blessures et des plaies.

Ces deux variétés de pins, qui croissent presque côte à côte, ne sont pas les seuls représentants de la famille des conifères dans l'Himalaya.

On y remarque encore le *moranda*, arbre magnifique qui atteint à la hauteur de soixante-six mètres ; le *ryepine*, presque de la même taille et peut-être plus élégant encore ; puis, parmi beaucoup d'autres, le *kolin*, ou pin ordinaire, dont les vastes forêts se trouvent à une altitude de deux à trois mille mètres au-dessus du niveau de la mer.

Cette espèce de pin croît de préférence dans les terrains secs et pierreux. On est surpris d'en voir sortir comme par enchantement de lieux où l'on se demande comment ils ont pu prendre racine et se développer : tels, par exemple, que la surface perpendiculaire et unie d'un roc de granit. Il suffit d'une petite anfractuosité dans laquelle une graine emportée par le vent s'est déposée. Après avoir germé, elle est devenue un grand arbre, qui, depuis des siècles peut-être, prospère sur un point où, selon toute apparence, ne se trouve pas un vestige de terre végétale ; tellement qu'on en est réduit à supposer qu'il tire sa nourriture de la substance même du rocher.

Ce fut avec une véritable satisfaction que le botaniste constata la présence de l'arbre térébenthineux, dont la lumière abondante leur permettrait à l'avenir de prolonger leur travail jusqu'à une heure assez avancée de la nuit.

XXV.

LES ÉCHELLES.

La découverte des troncs élancés du déodora facilita et simplifia beaucoup la tâche de nos amis. Les arbres de seize mètres furent aisément réduits à dix, et ceux dont le tronc n'avait que quelques centimètres d'épaisseur ne demandèrent d'autre préparation que celle d'être débarrassés de leur écorce et un peu amincis.

La fabrication des échelons n'offrit pas non plus de difficulté, et aurait exigé tout aussi peu de temps, s'il n'avait fallu en préparer un nombre beaucoup plus considérable.

Seule la perforation des trous pour les recevoir devait préoccuper les travailleurs, soit à cause du temps qu'elle exigerait, soit parce qu'ils étaient absolument dépourvus de l'outillage nécessaire pour l'accomplir. S'ils avaient eu à leur portée un vilbrequin, ou une forte vrille, le mal aurait été moins grand; mais ils ne possédaient que leurs couteaux, dont la pointe pouvait s'user, s'émousser ou se briser longtemps avant la fin du travail. Et puis, que de temps ne faudrait-il pas pour creuser ainsi plusieurs centaines de trous ! Jamais ils n'en verraient la fin ! Il va sans dire que s'ils avaient eu un nombre suffisant de clous, ils auraient pu s'en servir pour fixer leurs échelons et économiser ainsi et leur temps et leur peine. Mais en fait de clous, ils ne possédaient que ceux de leurs fusils et des semelles de leurs souliers. En dehors de cette provision, en somme assez restreinte, il était impossible de s'en procurer un seul dans toute l'étendue de la vallée. Que faire alors pour se tirer d'embarras ?

Par bonheur, Karl avait prévu la difficulté et l'avait résolue théoriquement avant qu'un seul tronc d'arbre eût été abattu ; et sa théorie, supérieure en cela à beaucoup d'autres, se trouva pleinement justifiée par la pratique. Elle consistait à fabriquer les trous au moyen du feu; en d'autres termes, à perforer son bois avec un fer rouge.

Mais ce fer, comment se le procurer ? Il avait en sa possession un petit pistolet de poche, dont le canon, de seize centimètres de long, était parfaitement uni; c'est de ce canon rougi à blanc qu'il résolut de se servir.

Après l'avoir chauffé plusieurs centaines de fois et appliqué successivement sur chacun des montants de ses échelles, de manière à obtenir un nombre de trous égal à celui des échelons qu'il voulait y placer, sa tâche fut enfin terminée.

Inutile d'ajouter que cette opération, aussi longue qu'ennuyeuse, ne fut pas accomplie en un seul jour ni

Cette opération lui coûta bien des sueurs et bien des larmes.

même en une semaine, et qu'elle lui coûta bien des sueurs et bien des larmes, non des larmes de chagrin cependant, mais de celles provoquées par la fumée qui résulte de l'application du fer rouge sur le bois vert.

Lorsque ce travail de patience fut achevé, il ne resta plus qu'à assembler les échelles. Bientôt l'une après l'autre fut terminée et portée au pied du rocher.

Puis vint le grand jour où chaque échelle à son tour fut hissée sur la saillie qu'elle devait occuper : la seconde au-dessus de la première, la troisième au-dessus de la seconde, et ainsi de suite, chaque nouvelle arrivée s'élevant d'un étage au-dessus de celles qui la précédaient.

Tout marcha bien jusqu'aux trois quarts environ de la hauteur. Là, une circonstance tout à fait imprévue vint mettre un terme au travail comme aux espérances des malheureux prisonniers.

Encore quatre échelles, et l'on allait atteindre le sommet du rempart, lorsque Karl dut constater qu'en cet endroit, au lieu de reculer comme aux étages inférieurs, le roc avançait au contraire, et surplombait la dernière saillie sur laquelle on était parvenu. Impossible dès lors d'assujettir une échelle de plus.

Cette particularité, qu'on ne pouvait apercevoir d'en bas, sauta aux yeux de Karl, monté sur le dernier échelon de l'échelle qu'on venait de placer. Il comprit que cette difficulté était insurmontable et qu'autant vaudrait essayer de franchir l'espace intermédiaire au moyen d'un vol hardi que de chercher à faire tenir une échelle dans le vide.

Ce fut sous le coup de cette conviction douloureuse

qu'il redescendit et vint communiquer la triste nouvelle à ses deux compagnons. Ceux-ci ne jugèrent pas utile de monter une seconde fois pour s'assurer par eux-mêmes de cette impossibilité ; car ils avaient été les premiers sur la saillie et avaient reçu une impression semblable, que l'examen de Karl venait de confirmer d'une manière définitive.

C'était donc à cela que devait aboutir leur plan si bien combiné ! Tout leur travail devait être inutile ; tout leur temps perdu, toutes leurs espérances déçues ! Tous les lumineux horizons de l'avenir voilés désormais par les plus sombres nuages ! Quelle amère, quelle poignante déception !

Comme au jour de leur infructueuse inspection de la caverne, ils s'étaient assis sur des quartiers de roc, regardant vaguement devant eux, dans un sentiment de profond découragement, d'abandon absolu ! Parfois leurs yeux semblaient rivés à terre, ou parfois s'arrêtaient avec mélancolie sur cette longue série d'échelles, placées contre ce roc avec tant de fatigue et qu'ils avaient montées pour la première et la dernière fois.

XXVI.

LES INCONVÉNIENTS D'UNE PORTE OUVERTE.

Tous trois restèrent longtemps assis dans un morne silence. On était alors au cœur de l'hiver, et il faisait très froid ; mais ils ne semblaient pas s'en apercevoir. L'intensité de leur souffrance morale les absorbait au point de les rendre presque indifférents aux souffrances physiques. Et si en ce moment une avalanche descendue des glaciers voisins eût menacé leur vie, c'est à peine s'ils auraient cherché leur salut dans la fuite. La mort leur semblait presque préférable à l'existence qui les attendait, tant ils étaient fatigués de leur captivité et redoutaient de la voir se prolonger d'une manière indéfinie.

Maintenant que le frêle appui auquel ils avaient rattaché leurs espérances venait d'échapper à leur étreinte, les sombres flots du désespoir menaçaient de les engloutir.

Plus d'une heure s'écoula. Les teintes empourprées du couchant commençaient à colorer les neiges avoisinantes et annonçaient que la nuit était proche.

Karl fut le premier à s'en apercevoir et à rompre le silence.

— Frères, dit-il, embrassant Ossaro dans cette fraternelle appellation, sous l'impression de leur commune douleur, frères, pourquoi rester ici plus longtemps ? Retournons à la maison.

— A la maison ! répéta Gaspard avec un douloureux sourire. Oh ! Karl, pourquoi prononcer ce mot, si doux autrefois, mais qui sonne maintenant à mon oreille comme un écho d'outre-tombe !... La maison, hélas ! tu le sais bien, frère, jamais, jamais nous ne la reverrons !

Karl, fort ému, ne répondit rien. Quelle consolation, quelle espérance pouvait-il offrir ? Aucune. Il garda le silence. Mais déjà il s'était levé ; les autres suivirent son exemple, et tous trois s'acheminèrent vers l'humble habitation qui devait dorénavant leur tenir lieu de la maison absente.

Là, un désappointement d'un autre genre les attendait à leur retour. Ils avaient jusqu'alors économisé avec grand soin le peu de provisions que l'éléphant n'avait pas détruites ; mais depuis cette époque, trop absorbés par la fabrication de leurs échelles, ils n'avaient ajouté à cette réserve ni poissons, ni viande, ni gibier d'aucune sorte.

Comme, en dépit des peines morales, la nature réclame toujours ses droits, surtout dans la jeunesse, après cette journée d'un travail fatigant, bien qu'inutile, nos trois amis rentraient affamés, et songeaient avec un certain plaisir au souper dont leur dernier morceau d'yack représentait tout le menu.

Il arriva donc qu'à mesure qu'ils approchaient de leur hospitalière demeure, dont le toit de chaume, les murs épais et bien clos contrastaient avec l'air glacé du dehors, ils se mirent à rêver à un bon feu de fagots pétillant dans l'âtre, auprès duquel rôtissait une confortable tranche de bœuf. Sous l'influence du froid et de la faim, cette perspective ranima leurs esprits; et si ce ne fut pas de la joie, ce fut au moins de la satisfaction qui se peignit sur leurs physionomies.

Ces transitions sont moins rares qu'on ne pense, parce que dans l'âme humaine les impressions se succèdent comme les changements au ciel, où trop souvent les nuages obscurcissent les rayons du soleil, mais où le soleil à son tour dissipe et chasse les nuages.

Il en fut de même pour nos amis : pendant un moment leur sombre nuage fit place à un rayon lumineux, qui vint éclairer leurs cœurs. Malheureusement cette éclaircie ne fut pas de longue durée.

Bientôt le feu brilla dans l'âtre. C'était déjà quelque chose; ils pouvaient se chauffer; mais quand ils se mirent à la recherche de la viande, pour satisfaire leur appétit qui devenait de plus en plus impérieux, cette partie indispensable du souper fut introuvable.

En leur absence, le garde-manger avait été dévalisé.

Un loup, une panthère, ou tout autre animal sauvage, s'était introduit par la porte que le matin, dans la hâte de partir, ils avaient négligé de fermer.

Pas un morceau, pas une bouchée de bœuf ou d'autre chose ne leur restait, et tous les trois, sans compter Fritz, qui faisait le quatrième, se virent contraints d'aller coucher sans souper.

XXVII.

EN QUÊTE D'UN DÉJEUNER.

Le travail de la journée avait tellement fatigué nos amis, que, malgré leurs estomacs vides, ils ne tardèrent pas à s'endormir ; mais leur sommeil ne fut ni profond ni prolongé. Chacun d'eux se réveilla plusieurs fois dans la nuit et réfléchit à loisir au triste sort qui les menaçait.

Ils ne savaient même pas où prendre leur déjeuner du lendemain, qui errait encore dans la forêt, où il leur faudrait aller le chercher, le tuer, puis d'où ils devraient le rapporter, avant de le faire cuire pour le manger. Et ils n'avaient pas lieu d'être moins inquiets de leur dîner et de leur souper ; en un mot, de leurs moyens de subsistance à l'avenir ; car les circonstances ont bien changé.

Autrefois le garde-manger vide eût été promptement rempli par l'adresse de Gaspard ; mais, sans munitions, que peut-il faire désormais? Les daims et autres quadrupèdes qui foisonnent dans la vallée, pour ne rien dire de toutes les espèces emplumées qui la visitent, pourront le voir passer sans crainte avec son attirail de chasse devenu maintenant tout à fait inoffensif pour eux.

Encore une double détonation de son fusil et une dernière de la carabine de Karl, et quand ces trois coups auront été tirés, aucun autre ne viendra plus jamais troubler le silence de la vallée, ni réveiller ses échos endormis.

Mais nos amis ne voient pas les choses sous un jour aussi triste ; ils se flattent, au contraire, de pouvoir, même sans poudre, se procurer une quantité suffisante de gibier ; et comme tous trois se trouvent éveillés de fort bonne heure, ce sujet devient le thème de leur conversation.

Ossaro est plein de confiance en son arc et ses flèches ; à leur défaut, n'a-t-il pas son filet, et, en sa qualité de chasseur émérite, une foule de ruses à sa disposition pour se rendre maître des bêtes de la terre, des oiseaux de l'air et même des poissons du lac ?

Karl annonce son intention, dès le retour du printemps, de cultiver certaines racines et plantes alimentaires qu'il a vues disséminées sur divers points, mais dont la soigneuse propagation pourrait leur assurer une récolte abondante. De plus, il se propose de faire, l'année suivante, provision de tous les fruits bons à manger, et ainsi de se prémunir pendant quelques mois au moins contre toute chance de disette.

Le résultat négatif de leur tentative d'escalade a fait naître dans leur esprit la désolante conviction qu'ils sont retenus pour la vie au sein de cette vallée, dont ils ne pourront jamais franchir l'effroyable rempart. Sous cette impression, ils sentent la nécessité de rechercher tout ce qui peut leur assurer des moyens d'existence.

Les premiers rayons du jour commencent à peine à éclairer le sommet des montagnes, que tous trois sont déjà dehors et se préparent à accomplir leur important projet. Gaspard charge son fusil avec le plus grand soin, Karl en fait autant de sa carabine, tandis qu'Ossaro examine la corde de son arc et remplit de flèches acérées le petit panier d'osier qui lui sert de carquois.

Ils vont partir pour la chasse à la recherche de leur déjeuner ; et si un appétit bien aiguisé est une des conditions de réussite, le succès ne tardera pas à couronner leurs efforts ; car tous les trois sont affamés comme des loups. Fritz, qui ne l'est pas moins, se prépare à les suivre, et malheur à l'animal qui tombera sous sa patte : il semble d'humeur à ne lui faire aucun quartier.

Afin de multiplier les chances de succès, il a été convenu que chacun prendra une direction différente ; qu'Ossaro fera entendre un sifflement prolongé pour rappeler ses compagnons à la hutte, s'il réussit le premier à tuer quelque chose ; que, dans le cas contraire, la détonation d'une arme à feu sera le signal du retour de la part de Karl ou de Gaspard.

Une fois ces conventions établies, et après quelques plaisanteries sur celui des trois qui se montrerait le plus adroit, ils se séparèrent : Gaspard prit un côté de la vallée, Ossaro l'autre, et Karl, suivi de Fritz, se dirigea vers le centre.

XXVIII.

A L'AFFÛT.

En quelques minutes les trois chasseurs se perdirent de vue. Les deux frères suivaient les bords du lac en sens inverse, tandis que le vieil Hindou s'acheminait directement du côté de la forêt, persuadé que la chance le servirait mieux là que partout ailleurs.

Le gibier sur lequel comptait Gaspard était une sorte de cerf dont le cri, quoique plus fort, rappelle celui du renard, et que l'on désigne, à cause de cette particularité, sous le nom de *kakour* ou cerf aboyeur. Cet animal paraissait être très commun dans la vallée. Presque jamais Gaspard n'était allé à la chasse sans en rencontrer quelques-uns, et même parfois sans en rapporter dans son sac.

Il avait un ingénieux moyen de l'attirer à portée de son fusil : il se mettait en embuscade et imitait le cri que pousse l'animal lorsqu'il constate la présence de l'ennemi dans le voisinage. Ce cri, le kakour le répète à intervalles assez courts, jusqu'à ce que le danger ait disparu, ou qu'il se soit lui-même soustrait à son atteinte.

Le petit ruminant ne se doute pas, dans sa simplicité, que les sons destinés à prévenir ses compagnons du danger qui les menace signalent sa présence à ses mortels ennemis et le plus souvent deviennent l'unique cause de sa perte. Car non-seulement le chasseur, mais le tigre, le léopard et les autres bêtes fauves, profitent de la folle habitude de cette innocente créature pour tomber sur elle à l'improviste et en faire leur victime.

Léopard.

Cet aboiement est très facilement imité par la voix humaine. Après une seule leçon, dont Ossaro fut le professeur, Gaspard et son frère étaient parvenus à le reproduire avec beaucoup de netteté.

Dans la matinée qui nous occupe, le jeune homme, aiguillonné par la faim, a résolu de se mettre à la recherche du kakour. Sans doute une autre proie lui aurait offert une chair plus délicate, car celle du cerf aboyeur est loin d'être bonne. Tolérable encore dans la saison d'automne, elle est absolument détestable en hiver. Mais ce jour-là notre jeune chasseur, comme ses compagnons, est disposé à se contenter de tout, même d'une venaison de kakour, s'il est assez heureux pour en rencontrer un.

Il connaît un emplacement où il est presque sûr d'en trouver. C'est, dans la partie du lac la plus éloignée de la hutte, une petite clairière entourée d'arbres à feuilles persistantes. Jamais Gaspard ne l'a traversée, et il y est allé bien souvent, sans y voir le kakour occupé à brouter l'herbe verte ou à se reposer à l'ombre des buissons. Comme il n'y a aucune raison pour qu'il n'en soit pas de même cette fois encore, c'est vers ce point qu'il se dirige en toute hâte, ne ralentissant sa marche que lorsqu'il se trouve près du lieu où il se flatte de surprendre sa proie.

Arrivé là, il procède avec la plus grande circonspection, se met sur ses genoux, et, s'aidant de ses mains, se traîne à quatre pattes tout le long du buisson, afin de se dérober complétement à la vue des animaux qui peuvent se trouver dans la clairière ; puis, à un moment donné, il se soulève doucement pour jeter un coup d'œil de l'autre côté du taillis.

Après quelques secondes d'examen, une ombre de désappointement passe sur sa physionomie. Il n'a vu ni kakour, ni gibier d'aucune espèce. Ce n'est pas sans chagrin qu'il constate cette absence, car, pour ne rien dire de la contrariété qu'en éprouve son estomac, il en souffre vivement dans son amour-propre de chasseur.

Il avait espéré faire briller au grand jour son habileté et avoir l'honneur de fournir le premier les provisions désirées. Sa vanité est donc singulièrement mortifiée de ce désappointement.

Mais il ne se tient pas pour battu ; il espère encore que le cerf est retiré à l'abri des buissons, et qu'en imitant son cri il le fera sortir de sa retraite. Dans ce but, il s'accroupit de nouveau et commence à aboyer de son mieux à la kakour.

XXIX.

DOUBLE MÉPRISE.

Il s'écoula un certain temps avant qu'aucun signe vînt lui indiquer la présence ou la proximité d'un animal. Il avait répété son appel à diverses reprises, laissant entre elles des intervalles de silence, et en arrivait à la conviction que le buisson, comme le reste, était désert.

Après avoir fait entendre un dernier appel modulé avec un rare talent d'imitation, il se levait pour aller ailleurs, quand soudain un cri réel de kakour, répondant à son cri simulé, partit, selon toute apparence, de derrière les buissons qui bordaient l'autre côté de la clairière.

Le son qu'il entendit était faible, et semblait indiquer que l'animal qui le proférait était encore à quelque distance. Mais Gaspard savait que, puisqu'il lui répondait, il ne tarderait pas à se rapprocher. Sans perdre de temps, il renouvela ses appels à plusieurs reprises, de la façon la plus encourageante, et prêta l'oreille pour entendre la réponse.

Chaque fois la brise lui rapporta des sons si parfaitement semblables aux siens, que, s'il n'en eût pas connu la provenance, il se serait figuré que l'écho les lui répétait.

Vint cependant un moment où, à sa grande surprise, le jeune chasseur ne reçut plus de réponse ; le vent, l'écho restèrent également muets. Il appela encore.... Même silence.

Et cependant non : un bruit qui, dans son genre, ne fut pas moins agréable à son oreille, se fit entendre dans l'autre partie de la haie. C'était un bruit de feuilles qui semblait indiquer le passage de l'animal à travers le buisson.

En dirigeant son regard vers le point d'où provenait ce bruit, Gaspard vit, ou crut voir quelques branches s'agiter. Peu d'instants après le doute n'était plus possible. Il aperçut même à travers le branchage un objet de couleur sombre qui ne pouvait être que le kakour lui-même. Quoique la distance ne fût pas grande — la clairière avait à peine une vingtaine de mètres en largeur, et l'objet était en face de lui — cependant Gaspard ne put pas très bien le distinguer, d'une part à cause du feuillage qui le masquait, et de l'autre surtout parce qu'il ne faisait pas encore bien clair, la matinée étant très peu avancée et assez sombre.

Le jour était pourtant suffisant pour viser, et le jeune homme ne vit aucune raison qui pût l'empêcher de profiter immédiatement de la bonne chance qui s'offrait à lui.

— A nous deux ! se dit-il en mettant un genou en terre.

Et il saisit son fusil pour l'amorcer.

C'était un excellent fusil, dont le ressort, ainsi mis en mouvement, fit entendre dans le calme profond de cette heure matinale un cliquetis sec qui résonna nettement à travers la clairière, et fit craindre à Gaspard que le cerf effrayé n'eût déjà pris la fuite. Mais non, il était toujours là ; seulement un bruit sec tout semblable au premier vint comme un écho frapper au même instant l'oreille du chasseur.

Gaspard, interdit, fut sur pied en un clin d'œil et vit, avec une surprise mêlée d'effroi, son propre frère se dresser devant lui de l'autre côté de la clairière.

Tous deux, le fusil en mains, se regardaient comme des individus engagés dans un duel à mort.

Si quelqu'un les eût vus en ce moment, rien dans leur attitude et dans l'expression de leur physionomie n'eût été de nature à démentir cette supposition.

Il s'écoula quelques moments avant que la stupeur dont ils étaient frappés pût faire place à l'indicible reconnaissance d'avoir été préservés d'un mutuel fratricide. Car, sans cette circonstance providentielle, Gaspard tirait sur Karl et Karl sur Gaspard.

Quand ils eurent recouvré la parole, quelques courtes exclamations purent à peine s'échapper de leurs lèvres tremblantes. Mais, jetant là leurs fusils, et traversant la clairière à la course, ils se précipitèrent dans les bras l'un de l'autre, et se tinrent longtemps enlacés dans une cordiale et fraternelle étreinte.

Tous deux se regardaient comme des individus engagés dans un duel à mort.

Les explications furent courtes. Karl avait suivi le bord du lac dans la direction opposée à celle qu'avait prise Gaspard et était arrivé près de la clairière. Il avait entendu le cri du kakour et avait répondu au signal, tout en se rapprochant. Comme il arrivait près de la haie, le jeune homme imitait si admirablement et avec tant d'énergie le cri de l'animal, qu'il n'eut aucun doute sur son identité. Le point noir derrière les buissons ne pouvait être que l'aboyeur, et Karl ajustait sa carabine lorsque le bruit dont nous avons parlé amena heureusement un dénoûment tout autre que celui qui se préparait.

XXX.

LE SIGNAL D'OSSARO.

Comme pour faire diversion aux sentiments qui les agitaient encore, le sifflet d'Ossaro se fit entendre en ce moment, répercuté par les échos de la montagne. Peu après, le signal résonnait dans une autre direction ; ce qui indiquait que le chasseur avait repris le chemin de la hutte.

En entendant ce signal, nos deux amis se lancèrent des regards significatifs.

— Ainsi, frère, dit Gaspard avec un étrange sourire, tu le vois, malgré nos dédains pour son arc et ses flèches, Ossy nous a battus. Qu'aurait-il dit si c'eût été l'un de nous qui eût fait entendre un coup de feu ?

— Ou plutôt qu'aurait-il dit, interrompit l'aîné, si nous avions tiré tous les deux?... Ah! frère, ajouta-t-il en frissonnant, combien nous avons été près l'un et l'autre d'en finir avec la vie ! C'est affreux d'y penser.

— Eh bien ! n'y pensons plus, reprit Gaspard, mais retournons au logis voir quelle sorte de déjeuner Ossy nous a rapporté. Je m'étonne si c'est du gibier ou de la volaille. Ce ne peut être après tout que l'un ou l'autre, reprit-il au bout d'une minute ; je ne serais même pas surpris que ce fût un oiseau. En longeant le bord du lac, j'ai entendu un singulier cri, là-bas, dans la direction qu'il a prise du côté du rocher. Ce cri paraissait sortir du gosier d'un volatile, bien que je n'en aie jamais entendu de semblable.

— Je l'ai entendu aussi, reprit Karl ; et si je ne me trompe, je connais l'oiseau qui l'a poussé. Si c'est lui qu'Ossaro a tué, nous aurons un déjeuner digne d'un prince, un vrai festin de Lucullus. Mais hâtons-nous, et nous saurons plus tôt à quoi nous en tenir.

Ils reprirent leurs fusils et ne tardèrent pas à suivre le chemin de leur demeure. Quand ils approchèrent, ils virent Ossaro qui tenait entre ses jambes le plus beau de tous les oiseaux qui fendent les airs, nagent à la surface des eaux ou se promènent sur la terre : c'était un paon. Non la créature bâtarde qui, en faisant la roue, étale son magnifique plumage dans nos parcs et dans nos basses-cours, mais le superbe paon sauvage de l'Inde, qui unit à la parfaite élégance de la forme un plumage dont le précieux écrin resplendit des reflets les plus éblouissants, et, chose inappréciable pour nos amis, dont la chair délicate et savoureuse ne le cède en rien au plus fin des gibiers.

Il était évident que le chasseur hindou n'appréciait, pour le moment du moins, que ce dernier avantage ; car depuis longtemps il avait anéanti les deux autres. Sous sa main brutale la forme élégante avait disparu, et le brillant plumage, arraché et jeté au vent comme celui de la première poule venue, annonçait qu'il en faisait aussi peu de cas que de celui d'une oie ou d'une vieille dinde.

Quand les jeunes sahibs arrivèrent, l'Hindou, sans prononcer une parole, leur lança un coup d'œil à la dérobée. A la vue de leurs sacs vides, il ne put se défendre d'un mouvement d'orgueil qui montrait à quel point il jouissait de son triomphe.

Il aurait pu même se dispenser de ce rapide examen ; comme pas un coup de feu n'avait retenti dans la vallée, il était certain à l'avance qu'une paire de carnassières vides était le seul bagage qu'ils rapportaient à la maison.

Cependant, si sa tournée avait été plus fructueuse que celle de nos amis, il avait aussi des choses moins dramatiques à raconter.

Averti par les cris du paon de sa présence sur l'une des branches d'un arbre de la forêt, il lui avait logé une flèche dans la poitrine, et, une fois à terre, l'avait saisi sans plus de façon par les pattes et emporté les plumes traînantes, comme s'il se fût agi d'une vulgaire volaille conduite au marché de Calcutta.

Karl et Gaspard ne jugèrent pas à propos de lui apprendre combien ils avaient été près de le laisser seul possesseur de la hutte et de ses dépendances. En cet instant la faim les portait plutôt à prêter leur concours aux apprêts culinaires. Un grand feu fut bientôt allumé par leurs soins, et le paon, sans être plumé d'une manière irréprochable, fut soumis à une cuisson rapide, tandis que Fritz en faisait disparaître les abattis avec un entrain merveilleux.

XXXI.

LE BOUQUETIN.

Quelque gros que fût le rôti, il n'en resta pas grand'-chose quand les trois affamés eurent achevé ce déjeuner *sur le pouce*. Les os mêmes avaient été si soigneusement ratissés, que le pauvre chien n'y aurait guère trouvé son compte, s'il n'avait eu la bonne fortune de se régaler à l'avance.

Ce savoureux repas ayant contribué pour sa bonne part à remonter les esprits, la conversation s'engagea naturellement sur les meilleurs moyens à employer pour se procurer à l'avenir les provisions nécessaires.

A défaut de poudre, restait l'arc d'Ossaro; l'on pouvait en fabriquer d'autres, si celui-ci venait à manquer; et d'ailleurs Gaspard voulait en avoir un à lui; car il avait résolu d'apprendre à manier cette arme primitive sous la direction du vieux chasseur hindou, jusqu'à ce qu'il pût s'en servir avec habileté et succès.

Après une digression sur l'origine, l'antiquité et l'universalité de cette arme, que l'on retrouve chez tous les peuples, dans tous les coins du monde, et à tous les âges de l'histoire de l'humanité, on en revint à la question pendante : comment se procurerait-on les deux autres repas du jour et ceux du lendemain?

Et d'abord qu'aurait-on pour le dîner? Serait-ce du poisson, de la viande ou de la volaille? Comme il n'était nullement question d'un dîner de cérémonie, on ne songea pas un instant à réunir les trois choses ; une seule suffirait, si l'on était assez heureux pour se la procurer.

Irait-on à la pêche avec Ossaro ? à la chasse d'un autre paon ou d'un faisan argus ? ou bien encore pousserait-on jusqu'à la forêt, en quête de quelque pièce de gibier plus considérable? Telle était la question qui s'agitait entre eux, lorsque survint un incident qui la résolut d'une manière tout à fait inespérée ; et sans leur participation, sans la dépense d'un grain de poudre, ni l'emploi d'une seule flèche, d'une manière tout imprévue, les fournit de provisions non-seulement pour la journée, mais pour une semaine tout entière, en réservant même la part de Fritz.

La fumée les avait chassés de la maison, et ils avaient préféré manger dehors, assis devant leur porte sur de larges pierres qui leur servaient habituellement de siège. La matinée était belle ; et bien qu'il fît froid à l'ombre, les rayons du soleil, réfléchis par les blancs sommets des montagnes, rendaient l'atmosphère assez douce pour être agréable.

Tandis qu'ils étaient là confortablement assis, un son qui ne ressemblait pas mal au bêlement d'une chèvre vint frapper leurs oreilles. Ce bruit paraissait descendre du ciel; mais ils comprirent tout de suite qu'il devait provenir de quelque animal qui se trouvait sur les rochers.

En levant les yeux, ils l'aperçurent en effet; et si sa voix avait rappelé celle de la chèvre, toute son apparence confirma cette ressemblance. C'était bien une chèvre, mais d'une espèce sauvage nommée *bouquetin* ou *ibex*.

Une fois de plus le jeune naturaliste eut cet avantage sur ses compagnons que ses études lui permirent de reconnaître l'animal et de le nommer sans hésitation, bien qu'il n'en eût encore jamais vu de vivant. Mais la forme du corps, la couleur du poil, et par-dessus tout la courbe régulière de ses belles longues cornes, qui fuyaient si gracieusement en arrière, furent autant de points caractéristiques auxquels il put reconnaître le même type qu'il avait vu en gravures dans les albums d'histoire naturelle, et empaillé au Muséum.

Ossaro, ne s'étant jamais élevé sur les montagnes jusqu'aux régions que fréquente le bouquetin, ne le connaissait pas, et aurait tout au plus constaté, comme le faisait Gaspard, sa ressemblance avec le bouc.

Ils pouvaient tous le voir, pendant qu'il se tenait immobile dans une majestueuse attitude sur une partie proéminente du rocher. Bien que le bouquetin dépasse de beaucoup la taille de la chèvre domestique, il était placé à une telle hauteur, qu'il ne semblait pas plus grand qu'un chevreau. Son profil, en se détachant sur l'azur du ciel, dessinait aux regards chacune des parties de son corps avec une parfaite netteté et faisait admirablement ressortir la courbe hardie de ses cornes.

Le premier mouvement de Gaspard fut de saisir son fusil; mais son frère et Ossaro l'en empêchèrent, en lui faisant remarquer l'impossibilité d'atteindre son but à une telle distance. En effet, bien qu'il leur parût beaucoup moins éloigné, le bouquetin était à plus de cent mètres d'élévation au-dessus du point où ils étaient assis, et par conséquent à plus de cent trente-trois mètres au-dessus du niveau de la mer.

Gaspard se désista facilement de son dessein, et, en y réfléchissant, reconnut qu'il y aurait folie à employer son dernier coup de fusil d'une manière aussi peu profitable.

XXXII.

CHÈVRES ET MOUTONS.

Immobile sur le haut de son rocher, le bouquetin, dont pas un muscle ne bougeait, semblait poser pour une séance de peinture. Nos amis eurent donc le plaisir de l'examiner à leur aise; et à défaut de palette et de pinceaux, Karl entreprit d'en faire de vive voix le portrait que nous reproduisons ici.

Le bouquetin, malgré tout ce qu'on a pu écrire à son sujet, n'est en somme qu'une chèvre sauvage. Il a avec l'animal domestique de ce nom des rapports nombreux de mœurs et de conformation.

Chacun sait que les espèces de chèvres varient selon les lieux qu'elles habitent; que chaque pays a la sienne pour ainsi dire, et que dans les limites d'une même contrée, comme dans la Grande-Bretagne par exemple, il peut s'en trouver trois ou quatre espèces différentes.

Ces variétés diffèrent presque autant les unes des autres que le font entre elles les diverses races de chiens.

De là les nombreuses recherches des zoologistes pour découvrir laquelle des espèces sauvages leur a donné naissance. Tandis qu'il est probable qu'au lieu d'unité, il y a diversité d'origine, tout comme pour les différentes races de moutons.

Chèvres du Thibet.

— Mais il y aurait alors plusieurs sortes de chèvres sauvages? interrompit Gaspard.

— Certainement, quoiqu'elles ne soient pas très-nombreuses; il peut y en avoir une douzaine environ. On suppose du moins qu'elles atteindront ce nombre lorsque les parties centrales de l'Asie et de l'Afrique auront été suffisamment explorées par des hommes compétents.

Les chèvres domestiques ou sauvages, sans en excepter l'ibex, forment dans le règne animal une

Cerfs.

famille tout à fait à part de celle des autres ruminants, tels que moutons, cerfs et antilopes, et cependant certaines espèces sauvages se rapprochent singulièrement du mouton.

On ne saurait alors les distinguer en invoquant la différence de leur vêtement, car le mouton sauvage, au lieu de laine, est couvert de poils comme la chèvre, et il arrive même parfois que le poil de l'un et de l'autre est aussi court que celui du cerf ou de l'antilope.

Mais lorsqu'il n'y a aucune marque extérieure pour les distinguer de certaines espèces de moutons sauvages, on peut encore les reconnaître à leurs caractères.

La chèvre, d'une nature plus farouche et plus indépendante, a des habitudes qui diffèrent essentiellement de celles du mouton.

L'ibex que nous avons devant nous n'est pas la seule espèce de chèvre sauvage qui se rencontre dans l'Himalaya. On en connaît une autre beaucoup plus grande et plus forte, le *tahir;* et l'on suppose que lorsque ces montagnes seront mieux connues, on en découvrira encore deux ou trois autres.

On connaît en Europe quelques variétés de bouquetins. Celle des Alpes se nomme *steinbok;* celle des Pyrénées, *tur*, et enfin celle du Caucase est appelée *zac.* Une ou deux autres se rencontrent dans les montagnes de l'Afrique. Mais en somme ces diverses espèces diffèrent peu les unes des autres.

Un savant naturaliste, qui était également un intrépide chasseur, nous a donné une intéressante description du bouquetin de l'Himalaya.

« L'ibex mâle, dit-il, est presque de la taille du tahir; son poil, d'une teinte grisâtre, au moment où il vient de le changer, est ordinairement brun tirant sur le jaune. Les petits (mâles ou femelles) ont un pelage roux, que l'on ne voit jamais aux vieux mâles, sans doute parce qu'ils vivent à de plus grandes hauteurs et perdent leur poil beaucoup plus tard dans la saison.

« Ce poil court, de la nature de celui du mouton sauvage, nommé *burrel*, se mélange, pendant l'hiver, d'une sorte de duvet ou délicat produit laineux, semblable à celui dont on fabrique les châles du Thibet.

Bouquetin des Alpes.

« L'animal s'en dépouille en mai et en juin. Dans les districts occupés par les troupes des bouquetins, les buissons et aspérités de rochers en sont tout couverts à cette époque de l'année.

« Mais ce que l'on admire le plus dans ces animaux, ce sont leurs deux énormes et magnifiques cornes, longues de trois à quatre pieds, et qui ont près de onze pouces de circonférence à leur base. La barbe chez les mâles est épaisse, ébouriffée, longue de plus de seize centimètres, et d'un beau noir.

« L'ibex femelle, d'un gris clair tirant sur le brun, atteint à peine aux deux tiers de la taille du mâle ; ses cornes rondes et pointues ont tout au plus trente-trois centimètres de long. En général, elle paraît bien faite, gracieuse et agile.

« Les migrations de ces animaux commencent avec la fonte des neiges et s'accomplissent graduellement.

« Les mâles, quelquefois au nombre de cent, se réunissent en grands troupeaux, quittent leurs quartiers d'hiver et leurs femelles, et, après quelques jours de repos à chaque étape, arrivent peu à peu à des hauteurs où cesse toute végétation.

« Ils dorment, pendant la chaleur du jour, sur des couches de neige, dans les ravins, ou sur les rochers et sur les pentes pierreuses. Il est fort rare que l'on en trouve dans les prairies où ils paissent.

« Quand vient le soir, ils commencent à se diriger vers leurs pâturages qui sont souvent à plusieurs milles de distance. Tout d'abord ils se meuvent lentement ; mais s'ils ont un long espace à parcourir, ils prennent une allure plus rapide, et il arrive assez souvent que le troupeau se met à courir au grand trot.

« Ils demeurent dans ces régions élevées jusque vers la fin d'octobre, et reviennent alors par étapes retrouver leurs quartiers d'hiver et leurs femelles.

« Celles-ci ne s'éloignent pas autant, bien s'en faut. Beaucoup restent sédentaires ; mais celles qui émigrent et se dispersent sur les montagnes lointaines, s'élèvent à des hauteurs beaucoup moins considérables : il en est peu qui dépassent la limite de la végétation.

« Elles mettent bas en juillet et généralement ont une portée de deux petits. Cependant il s'en trouve souvent qui n'en ont jamais.

« L'ibex, animal farouche de sa nature, est doué d'une vue perçante et d'une grande finesse d'odorat. Il est très facilement effrayé. Un coup de feu suffit pour jeter l'alarme dans tout un troupeau et le déterminer à abandonner complètement la région où il se trouve. Et même sans qu'un seul coup ait été tiré, la présence seule de l'homme suffit pour amener ce résultat.

« Nous étions un jour, continue le chasseur auquel nous devons ces détails, en haut de la vallée d'Arung, lorsque nous en aperçûmes descendant la colline pour se rendre au pâturage. C'était un grand troupeau de près d'une centaine de mâles. Le soleil était couché, et nous avions une longue route à faire pour retourner au camp. La prudence nous conseillait de les laisser tranquilles jusqu'au lendemain : mais l'excitation d'une journée de fatigue fit taire les conseils de la prudence. Il se faisait tard ; et comme nous étions pressés, nous les approchâmes sans doute avec moins de précaution que si nous eussions disposé de tout notre temps. Toujours est-il que, quelques-uns d'entre eux nous ayant aperçus, tout le troupeau décampa sans nous laisser le temps de tirer un seul coup de fusil.

« Grâce à cette circonstance, et comme nous ne les avions en aucune façon inquiétés, nous espérions les retrouver à la même place le lendemain. Mais, vain espoir, le lendemain et les jours qui suivirent toutes nos recherches furent inutiles, ils avaient quitté la région.

« Les personnes qui ont un peu étudié l'histoire naturelle savent quelle merveilleuse puissance possèdent les bouquetins pour grimper et sauter. Quoiqu'ils ne puissent pas, comme le représentent certaines gravures, s'élancer et se suspendre par les cornes, jusqu'à ce qu'ils aient trouvé un meilleur point d'appui, cependant, pour des animaux de cette taille et chargés de cornes aussi pesantes, il est incroyable qu'ils puissent arriver, comme ils le font, à des hauteurs presque inaccessibles, sans que rien n'arrête ni n'entrave leur marche.

« Voir un troupeau d'ibex sur lequel on a tiré prendre la fuite en ligne droite, à travers tous les obstacles, tantôt le long d'un roc presque perpendiculaire, tantôt sur le versant abrupt d'un précipice, sur la pente inclinée d'un terrain sablonneux qui s'éboule sur eux ou sous eux; le voir descendre au fond de gouffres d'où il semble impossible de ressortir, et reparaître l'instant d'après sur la pente opposée, sans jamais dévier de sa route, et gardant une vitesse de quinze milles à l'heure, est un spectacle étrange, que ne peuvent oublier ceux qui une fois en ont été les témoins. »

XXXIII.

LE COMBAT.

Karl avait à peine cessé de parler, que notre bouquetin, jusque-là solitaire, fut rejoint par un de ses pareils. Le nouveau venu était aussi un mâle, comme le prouvaient ses cornes et sa taille si parfaitement semblable à celle du premier occupant, qu'on aurait pu les croire frères. Mais rien ne fut moins fraternel que leur rencontre.

Sa tête baissée, son menton barbu touchant presque sa poitrine, ses cornes redressées et menaçant le ciel, tout dans l'attitude du nouvel arrivant annonçait des intentions hostiles, que ne démentait pas la vibration nerveuse de sa petite queue relevée en plumet. La silhouette des deux adversaires se dessinait avec tant de netteté sur l'azur du ciel, que les spectateurs, tout éloignés qu'ils étaient, ne perdaient pas un seul de leurs mouvements.

Tout d'abord l'agresseur s'était approché lentement, avec le projet sans doute de se jeter à l'improviste sur sa victime et de la lancer au bas du rocher. Si cette dernière fût demeurée quelques secondes de plus dans la position qu'elle avait gardée jusqu'alors, c'est ce qui serait arrivé sans combat. Mais à la vue de ce pressant danger, Gaspard ne peut retenir un cri involontaire, qui, en effrayant le bouquetin, le tire de son attitude contemplative et le force à regarder autour de lui.

Quand il s'aperçoit du péril qui le menace, l'ibex, prompt comme l'éclair, prend des mesures pour s'en garantir. Il se dresse sur ses pieds de derrière, s'en sert comme de pivot pour se retourner vers son ennemi, puis se met sur la défensive.

Il ne manifeste aucune intention d'éviter le combat et paraît l'accepter comme une chose toute naturelle. Cependant, il faut l'avouer, la position stratégique ne lui est nullement favorable. Le point sur lequel il se trouve est une sorte de promontoire formé par une pointe du rocher. Ce promontoire se projette de tous côtés au-dessus du précipice, excepté dans la partie occupée par l'ennemi qui lui coupe la retraite. Il ne lui reste en réalité d'autre alternative que celle d'attendre son adversaire de pied ferme, de le vaincre ou de faire une chute périlleuse. C'est ainsi que, par nécessité plutôt que par choix, il se voit obligé de maintenir sa position.

Mais à peine a-t-il le temps de se préparer au combat, que l'ennemi se rapproche. Tous les deux à la fois poussent un cri terrible, se redressent et se mesurent, comme le feraient deux vaillants soldats ; puis, retombant sur leurs pieds, ils se précipitent l'un vers l'autre, les cornes en avant, chacun rasemblant toute sa force pour terrasser son adversaire.

Ils se précipitent l'un vers l'autre, les cornes en avant.

Cette manœuvre se répète plusieurs fois, jusqu'à ce qu'enfin il devient évident que l'agresseur restera aussi le vainqueur. Il gagne pied à pied du terrain sur son antagoniste, qui, de plus en plus cerné, répond moins hardiment aux attaques. Car les chances ne sont pas égales entre eux ; si l'ennemi manque son coup, il en est quitte pour le renouveler, tandis que, pour la victime, un seul mouvement de recul peut devenir le signal de sa mort. Il se peut aussi qu'elle soit moins forte que son adversaire ; car dès le commencement elle a toujours cherché plutôt à se défendre qu'à attaquer, et, selon toute apparence, elle aurait depuis longtemps déserté la partie, si le terrain le lui avait permis.

Le seul espoir de salut qui lui reste encore est de franchir l'obstacle qui lui barre le chemin des hauteurs. Cette idée paraît enfin se faire jour dans sa cervelle ; car tout à coup quittant son attitude défensive, d'un bond prodigieux l'ibex s'élève dans les airs comme s'il voulait s'élancer, par-dessus les cornes de son antagoniste, vers quelque recoin neigeux de la montagne pour y trouver une sûre retraite.

Mais, hélas ! effort inutile ! pendant qu'il est ainsi soulevé de terre, les deux massives cornes ennemies frappent ses côtes, et le lancent comme un volant au delà du promontoire dans le vide.

La violence du coup a été telle, que le corps du malheureux animal a tournoyé plusieurs fois sur lui-même, avant d'arriver au fond de la vallée, où, après avoir rebondi à plus de deux mètres de hauteur, il est enfin tombé comme une pierre, raide mort.

Plusieurs minutes s'écoulèrent avant que les trois témoins de cette lutte étrange fussent remis de la surprise qu'elle leur avait causée. Et cependant, ce qui pour eux était un spectacle tout nouveau, se renouvelle constamment dans les solitudes de ces montagnes, entre ibex, tahirs, burrels et autres moutons sauvages de l'Himalaya.

Ces combats se livrent ordinairement sur le bord des précipices, lieux que ces sortes d'animaux recherchent de préférence, et il n'est pas rare que l'issue de ces luttes soit semblable à celle que nous venons de décrire.

Il ne s'ensuit pas cependant que l'animal mis hors de combat soit toujours tué; au contraire, à moins qu'il ne tombe d'une hauteur vertigineuse, le vaincu se relève ordinairement de ces terribles chutes, et court ou se traîne vers une retraite où il puisse se guérir, afin de reparaître sur le champ de bataille pour se mesurer de nouveau avec son adversaire.

Un des faits les plus remarquables à l'appui de cette assertion nous est raconté par le capitaine Markham.

« J'ai été témoin, écrit-il, en poursuivant un vieux tahir, du fait le plus extraordinaire que j'aie ou plutôt qu'aucun chasseur ait jamais vu accomplir.

« Lorsque je fis feu sur lui, l'animal était sur une corniche de rocher à près de quatre-vingts mètres au-dessus de ma tête. Aussitôt il tomba perpendiculairement sur ses cornes, et, sans toucher la terre ni les parois du précipice avec son corps, rebondit et retomba à quinze mètres plus bas encore. Je le croyais réduit en poussière ; mais non, il se releva et disparut ; et bien que le sang qu'il perdait me permît assez longtemps de suivre sa trace, il me fut cependant impossible de le retrouver. »

Il est certainement difficile de comprendre comment le tahir dont parle le capitaine Markham a pu tomber de quatre-vingts mètres de hauteur, pour ne rien dire des quinze derniers supplémentaires, sans avoir été pulvérisé. Mais tout en hésitant à le croire possible, il ne nous appartient pas de contredire le fait. Car nous ignorons s'il n'existe pas, dans la composition osseuse de ces sortes d'animaux, un principe qui les rend élastiques, et leur permet de réagir contre les effets de ces chutes effroyables.

D'ailleurs, si une partie du mécanisme de la vie animale échappe encore à nos investigations, il est avéré que la nature a merveilleusement adapté les créatures pour les lieux et les circonstances au milieu desquels elles sont appelées à vivre. Il se peut donc que la chèvre et le mouton sauvages, ces Blondins et ces Léotards du règne animal, soient doués de certaines puissances réactives ou d'une structure particulière, qui leur est propre, en raison des dangers qu'ils sont appelés à courir. Il ne nous appartient donc pas de contredire le capitaine Markham, dont le récit porte un cachet de bonne foi sans tendance à l'exagération.

Le fait dont nos trois amis furent témoins ne donna lieu à aucune discussion de ce genre. Le malheureux ibex, frappé comme il l'avait été et après une pareille chute, gisait par terre, les membres disloqués, et ne donnant plus signe de vie.

XXXIV.

LES BEARCOUTS.

Nos amis se félicitèrent grandement de cette ressource inattendue qui leur tombait pour ainsi dire du ciel et venait à propos enrichir leur garde-manger.

— Bon, voici notre dîner ! s'écria Gaspard, quand le bruit de cette chute effroyable eut cessé de retentir à son oreille, et notre souper également. Je ne serais même pas surpris qu'un animal de cette taille nous fournît des provisions pour toute une semaine.

Chacun se leva pour vérifier l'exactitude du fait. Soudain un cri perçant, deux fois répété, descendit des hauteurs et traversa la vallée.

Etait-ce le chant de victoire du bouquetin vainqueur ? Non, cette voix n'était pas celle d'un quadrupède ; nos amis ne s'y trompèrent pas. L'ibex était toujours fièrement campé sur le rocher. Pendant que les spectateurs, préoccupés d'autre chose, l'avaient perdu de vue, il s'était avancé sur le bord du précipice, comme pour contempler l'œuvre de destruction qu'il avait accomplie.

Tandis qu'il était ainsi immobile sur le théâtre de ses exploits, les cris dont nous avons parlé vinrent le surprendre et sans nul doute l'alarmer; car au-dessus de lui, dans les airs, planaient deux énormes oiseaux. Il n'y avait pas à s'y méprendre, à leur taille, à leur couleur presque noire, à la cambrure de leurs ailes, on reconnaissait des oiseaux de proie. C'étaient en effet deux aigles, de cette espèce particulière aux plateaux du Thibet et connue sous le nom de *bearcout*.

Bearcout.

A en juger par les courbes peu étendues qu'ils décrivaient dans leur rapide descente, par leurs cris répétés et par l'excitation de tous leurs mouvements, on ne pouvait entretenir de doute sur la cause de ces bruyantes démonstrations : ils volaient à l'attaque d'un ennemi qui n'était autre que le bouquetin.

Celui-ci ne tarda pas à s'en apercevoir et manifesta des symptômes de vive inquiétude. Il perdit bientôt cette fière attitude que nous lui connaissons, et demeura affaissé et comme paralysé de frayeur. Si tel était l'effet que les aigles s'étaient proposé de produire par leurs cris aigus, ils avaient réussi au delà de toute espérance.

Nos amis, les yeux fixés sur les acteurs de ce nouveau drame, suivaient avec un vif intérêt les mouvements des oiseaux et ceux du quadrupède. Ils désiraient voir ce dernier expier l'acte cruel, l'espèce de fratricide qu'il avait commis. Il était écrit au livre du destin que leur souhait serait accompli, et que le destructeur serait à son tour détruit.

La durée du conflit fut aussi brève que ses préliminaires. En quelques secondes les aigles étaient arrivés au niveau du rocher et commençaient une attaque en règle contre le bouquetin, auquel ils appliquaient alternativement des coups de bec et de griffes.

Un instant le quadrupède fut complètement couvert par leurs grandes ailes ; et quand on put de nouveau l'apercevoir, il ne semblait faire aucun effort pour se défendre. L'attaque avait été si soudaine, qu'il en était encore frappé de stupeur.

Au bout d'un moment cependant, il eut l'air de reprendre possession de lui-même, se releva et voulut à son tour frapper de ses cornes ses adversaires. Mais ceux-ci évitaient les coups en se jetant par un mouvement oblique tantôt à droite, tantôt à gauche, ou bien faisaient un demi-tour et venaient fondre sur lui par derrière.

Ainsi se continuait le combat : l'ibex, pour maintenir son terrain, tournait en rond sur ses deux pieds de devant serrés l'un contre l'autre, ou se redressait sur ceux de derrière, qui lui servaient de pivot. Il eût mieux valu pour lui cependant rester sur ses quatre pieds, ce qui lui aurait permis de prolonger la résistance assez longtemps peut-être pour battre, ou tout au moins pour fatiguer ses adversaires, qui auraient sans doute abandonné la partie.

Par malheur, cette manière de combattre était contraire aux traditions de sa famille et de sa race, dont tous les membres, de temps immémorial, en guerroyant contre leurs ennemis, avaient adopté cette position particulière. Pour se conformer à cette antique coutume, il s'était redressé de toute sa hauteur avec l'intention de pousser « une botte » en pleine poitrine de l'un des assaillants, lorsque l'autre, qui s'était reculé à quelque distance, revint avec la rapidité d'une flèche, saisit le bouquetin sous le menton, et d'une secousse de sa formidable serre renversa la tête de l'animal si violemment en arrière, qu'il perdit l'équilibre, tomba et roula dans le vide. L'instant d'après il traversait avec une vitesse effroyable ces mêmes espaces dans lesquels il avait peu de temps auparavant précipité sa malheureuse victime.

Les spectateurs s'imaginèrent qu'il en avait fini avec

ses adversaires ailés ; mais ils se trompaient, la lutte ne devait pas en rester là.

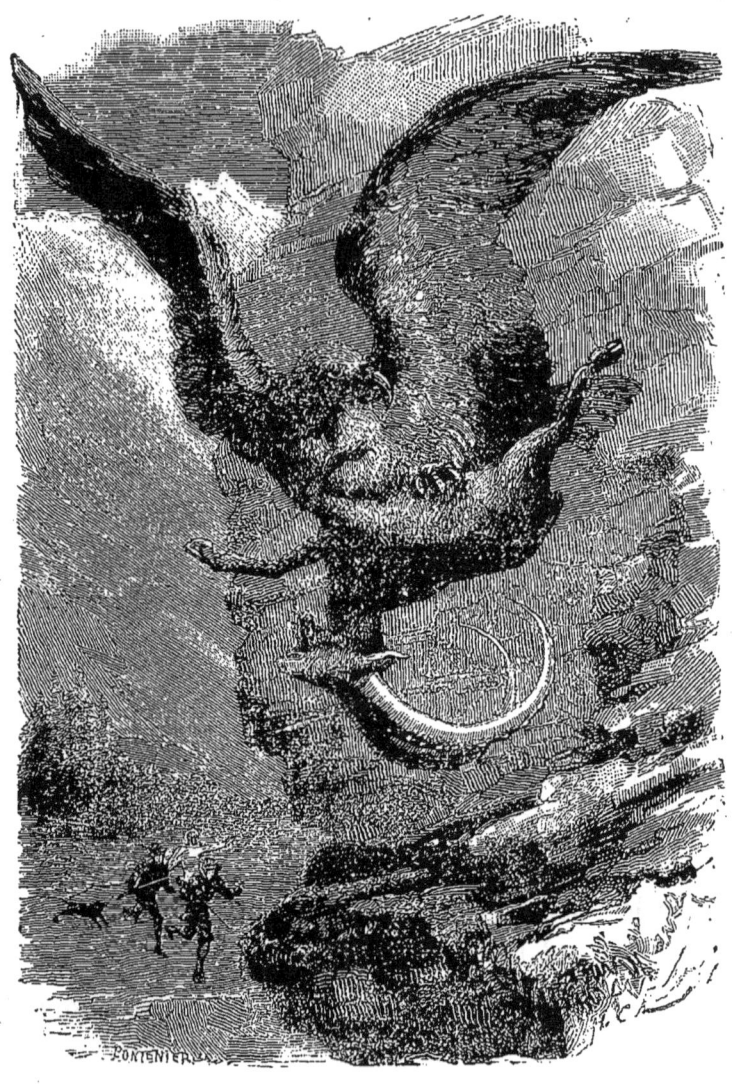

L'aigle le suivit à terre et demeura sur lui les ailes étendues.

Quand il fut entre ciel et terre, le second aigle se mit à sa poursuite, et, prompt comme l'éclair, l'atteignit, le frappa et le fit dévier de sa route, au point qu'il alla tomber à une distance assez considérable de l'autre bouquetin. L'aigle le suivit à terre, et, même là, demeura sur lui les ailes étendues, comme s'il voulait le tenailler encore de ses serres.

Il y avait cependant quelque chose d'étrange dans cette façon d'agir, et bientôt il devint évident que l'aigle, dont les ailes continuaient à battre ou plutôt à s'agiter d'une manière violente et irrégulière, loin de vouloir demeurer sur le corps de sa victime, faisait tous ses efforts pour s'en séparer. C'est aussi ce que témoignaient les cris sauvages qu'il commençait à pousser et qui n'exprimaient plus la colère et la menace, mais bien plutôt la terreur.

Nos amis accoururent pour voir ce qui se passait; ils s'approchèrent de l'animal, dont les cris et l'agitation augmentèrent, au lieu de diminuer, et virent ses formidables serres si complètement embarrassées dans l'épaisse toison du bouquetin, qu'en dépit de sa force musculaire, aidée du secours de deux puissantes ailes, il ne pouvait s'en dépêtrer. Au contraire, en voletant pour se délivrer, il tournait et retournait de façon à en former une corde, la célèbre matière laineuse dont on fabrique les cachemires.

Il faut avouer que pour un aigle la situation était critique, d'autant qu'il ne fut pas plus tôt délivré de cette attache détestée, qu'il se sentit retenu par un lien bien autrement solide sorti de la poche d'Ossaro.

L'autre bearcout l'avait suivi de près, et paraissait déterminé à mettre tout en œuvre pour lui rendre la liberté. Dans ce but, l'oiseau furieux poussait des cris horribles, et, volant de l'un à l'autre de nos amis, les menaçait de ses redoutables serres. Mais, comme ils étaient tous armés, ils parvinrent à le tenir à distance.

La chance cependant menaçait de se montrer moins favorable au pauvre Fritz, qui, pour détourner les violentes attaques dont il se vit à son tour l'objet, n'avait pour toute défense que ses dents. Celles-ci eussent été bien insuffisantes pour le protéger, et il aurait probablement perdu l'un de ses yeux, sinon tous les deux, à la bataille, sans une flèche décochée par l'arc d'Ossaro, qui frappa l'aigle en pleine poitrine et le coucha dans la poussière.

Il n'était pourtant pas encore mort, et le brave Fritz lui aurait volontiers sauté dessus, sans le bec crochu et les serres acérées qui le menaçaient encore. Il se laissa donc facilement persuader de garder une prudente réserve, tandis que le vieux chasseur achevait le bearcout d'un coup de lance.

XXXV.

ESPOIR FONDÉ SUR LE BEARCOUT.

Dans ce supplément de nourriture qui pour la seconde fois leur descendait pour ainsi dire du ciel, Karl ne put s'empêcher de reconnaître la main d'une bonne et miséricordieuse Providence. L'esprit moins sérieux de Gaspard et le cœur à demi païen d'Ossaro reçurent également l'impression qu'une cause supérieure à l'aveugle hasard venait de les favoriser, et tous trois à l'unisson firent monter un élan de gratitude vers l'Être invisible qui, même sur ce point reculé du globe, leur faisait sentir sa présence.

Ensuite ils contemplèrent avec curiosité ces animaux qui, il y avait peu de temps encore, erraient en liberté dans les vastes espaces du monde extérieur, et n'avaient franchi les limites de cette étrange vallée que pour y trouver la captivité et la mort. Que de tristes pensées leur suggère cette contemplation! Ah! si eux aussi étaient pourvus d'ailes puissantes, rien ne les retiendrait en ces lieux détestés. Ils s'envoleraient bien au delà des sommets neigeux qui les emprisonnent, pour aller de nouveau jouir de la société de leurs semblables, après laquelle ils soupirent si ardemment.

Pendant qu'ils se livrent à ces réflexions, une idée nouvelle surgit tout à coup dans le cerveau de Karl et se reflète sur sa physionomie en un faible sourire. Oh! bien faible en effet, car l'idée n'est peut-être pas des plus heureuses; mais il s'y trouve cependant quelque chose; et comme le noyé se raccroche au moindre brin d'herbe, le jeune homme se cramponne à cette conception singulière, et, après y avoir réfléchi, en fait part à ses compagnons.

C'est le bearcout qui lui a inspiré cette idée. Grand, agile, bien membré, probablement l'un des plus forts de sa race, il peut fendre l'air avec la rapidité de l'éclair; en quelques minutes, moins que cela, en quelques secondes, il peut s'élever au-dessus des pics inaccessibles qui entourent la vallée.

— Qu'est-ce qui l'empêcherait, dit Karl en désignant l'aigle, d'enlever....

— D'enlever quoi? s'écria Gaspard, interrompant son frère, qui hésitait à formuler sa pensée. Voudrais-tu par hasard qu'il nous enlevât, nous? ajouta-t-il d'un ton plaisant.

— Non, pas nous, reprit gravement le botaniste, mais une grosse corde qui pourrait nous porter.

— Oh! quelle idée, frère, quelle excellente idée!

répliqua le jeune homme, dont un éclair de joie transforma l'être tout entier.

Ossaro se joignit à ce mouvement joyeux.

— Et vous, Ossy, qu'en pensez-vous? lui demanda Karl.

Grand aigle.

La réponse du vieux chasseur n'indiquait pas une confiance inébranlable en la réussite; cependant il trouva que ça valait la peine d'essayer. Il ne leur en coûterait pas beaucoup, puisqu'ils avaient une provision de chanvre suffisante pour la fabrication de la corde. Celle-ci une fois achevée serait solidement assujettie à la patte de l'aigle, auquel on rendrait la liberté. Sans nul doute il en avait déjà assez, lui aussi, de son séjour dans la vallée et saisirait la première occasion d'en sortir.

Le plan ainsi tracé parut assez praticable au premier abord ; mais, lorsqu'on l'examina plus attentivement, deux grandes difficultés se présentèrent, et elles étaient de nature à détruire dans leur germe des espérances trop rapidement conçues.

La première de ces difficultés était de savoir si, malgré sa grande force, le bearcout pourrait soulever jusqu'au sommet du rempart granitique une corde assez forte pour supporter le corps d'un homme, et qui devrait avoir plus de deux cents mètres de long, chaque mètre ajoutant au poids que l'aigle aurait à soulever.

La seconde difficulté était celle-ci : en admettant que le bearcout ait la force de porter l'extrémité de la corde au sommet du rocher, comment serait-il possible qu'elle y fût solidement fixée ? Il fallait pour cela s'en rapporter au hasard, et supposer que l'aigle, dans ses évolutions pour chercher à se débarrasser de son fardeau, pourrait enrouler la corde autour d'un roc ou de quelque aspérité faisant saillie au flanc du glacier.

C'était une chance à courir, chance bien incertaine sans doute, mais c'en était une, et l'on résolut d'essayer.

On convint de calculer approximativement le poids

d'une corde de grosseur suffisante, puis, ce calcul fait, de s'assurer, en le mettant à l'épreuve, de la force de l'aigle. Ces points résolus, l'affaire essentielle serait la fabrication même de la corde ; et si l'on pouvait arriver par la perfection du travail à réunir les deux qualités de finesse et de solidité, la première difficulté serait vaincue.

Ossaro filait avec la perfection d'une machine de Manchester.

Mais qui ferait cette corde? Ossaro en était seul capable; car il filait avec la perfection d'une machine de Manchester. Il n'y avait pas à craindre que l'œil le mieux exercé pût découvrir dans son travail le plus léger défaut. Il fut donc entendu qu'il serait le filateur en chef, et que les deux frères feraient de leur mieux pour le seconder dans sa tâche.

Mais, avant d'entreprendre ce travail de longue haleine, on procéda à la préparation de la chair des bouquetins que l'on voulait conserver; quant à l'aigle, on devait le manger le jour même, et c'est ce qui eut lieu.

L'oiseau de Jupiter leur fournit le dîner, comme celui de Junon leur avait fourni le déjeuner.

XXXVI.

ESSAIS.

Aussitôt qu'ils se virent à l'abri de la disette, et que les peaux d'ibex eurent été convenablement disposées pour sécher, nos amis tournèrent leur attention vers la grande œuvre qu'ils voulaient entreprendre. Ils avaient une réserve de chanvre toute préparée depuis longtemps, qui n'attendait qu'une main habile pour être transformée en un câble solide au moyen duquel les prisonniers espéraient reconquérir leur liberté.

Il est vrai qu'ils avaient déjà une corde excellente qui leur avait servi à jeter leur pont sur la crevasse du glacier ; elle était disponible et de grosseur convenable, mais malheureusement trop courte pour répondre au but qu'ils se proposaient d'atteindre.

Devait-on faire l'autre corde de la même grosseur ou plus mince ? Question importante, qu'il convenait d'abord de résoudre. Plus mince, ne céderait-elle pas sous le poids de leur corps? De cette grosseur, ne serait-elle pas trop lourde pour que l'aigle puisse la porter au sommet du rocher? Et dans ce dernier cas, où serait l'utilité de la faire?

— Pourquoi ne pas nous assurer du fait avant de commencer? dit le botaniste.

— Mais comment le pourrions-nous? demanda Gaspard.

— Il me semble qu'il y aurait un moyen, répondit Karl, qui parut s'ensevelir dans un profond calcul.

— Pour ma part, je n'en vois aucun, reprit son frère, après un moment de silence.

— Je crois, au contraire, qu'on peut parfaitement en venir à bout. Qu'est-ce qui nous empêche de nous assurer du poids de la corde et d'essayer ensuite si le bearcout peut la soulever?

— Mais, tant qu'elle n'est pas faite, comment la peser? Tu oublies, frère, que nous voulons précisément nous éviter la peine de la faire, si elle doit être inutile.

— Oh! quant à cela, rien n'est plus simple; et pour en connaître le poids, il n'est pas nécessaire de l'avoir entre les mains. Pourvu que nous sachions quelle en sera la longueur, nous pouvons en déterminer le poids au moyen de celle que nous possédons déjà.

— Mais, Karl, comment la pèserons-nous, puisque nous n'avons ni balances, ni poids d'aucune espèce?

— Bah! avec cela qu'il est bien difficile de s'en procurer quand on a du bois à sa disposition! Un fléau et deux plateaux ne sont pas longs à faire, et le tout bien équilibré, nous sommes pourvus.

— Soit, dit Gaspard; mais cela ne donne pas des poids; et sans eux, à quoi bon tout le reste?

— Je suis surpris, mon cher, de te voir embarrassé pour si peu; cela ne te ressemble guère à coup sûr. Il me suffira d'un morceau de bois et d'un certain nombre de pierres pour m'en procurer autant que je pourrai en avoir besoin.

— Comment t'y prendras-tu? demanda encore Gaspard.

— Eh bien! je sais combien je pèse; je me placerai sur l'un des plateaux de la balance, et, au moyen de pierres, j'arriverai à reproduire mon poids sur l'autre.

— D'accord; mais ce sera un poids déterminé, et non l'unité de poids. Comment arriveras-tu à celle-ci, puis à ses multiples et à ses sous-multiples?

— En divisant les pierres qui se trouveront sur le second plateau en deux parties égales, et en procédant toujours ainsi jusqu'à ce que j'obtienne l'unité. Puis, je continuerai de la même manière pour avoir les fractions.

— Fort bien, frère, c'est un plan très ingénieux. Je n'y reconnais qu'un petit inconvénient, mais qui, je le crains, à lui seul renversera tout ton système.

— Lequel?

— Je crains que ton point de départ ne soit pas exact.

— Il est parfaitement exact; avant de partir, je pesais cent quarante livres.

— Oui, frère, reprit le jeune homme avec un mouvement de tête expressif, tu pesais cela à Londres, et moi à peu près autant; mais tu oublies que les inquiétudes, les privations et les fatigues de notre genre de vie actuel nous ont singulièrement changés. Je ne m'en aperçois que trop, cher frère, en te voyant plus maigre que tu n'étais à Calcutta, et toi-même tu remarques sans doute un changement analogue en moi, n'est-il pas vrai?

Karl se vit forcé de reconnaître la justesse de ces observations, et de s'avouer à lui-même que son système péchait par la base; que pour arriver à un résultat exact, il lui fallait pour donnée première quelque chose de moins variable que ce qu'il avait choisi pour son point de départ. Cependant il n'abandonna pas la partie.

— Eh bien ! dit-il au bout d'un instant, en regardant son jeune frère avec un sourire, j'avoue que ton argument est sans réplique ; mais ce n'est pas une raison pour que je renonce à mon expérience. Je puis trouver un autre terme de comparaison ; et si je ne me trompe, nous avons avec nous une mesure exacte qui pourra nous en tenir lieu.

— Laquelle? demanda vivement Gaspard.

— Une balle de fusil. Ne t'ai-je pas entendu dire qu'elles pèsent une once chacune?

— Oui, il y en a seize à la livre. Bravo, Karl, voilà notre affaire.

Sans nous arrêter plus longtemps sur ces détails, qu'il nous suffise de dire que les balances faites, ils pesèrent vingt mètres de corde, dont le poids multiplié par dix leur donna avec exactitude celui des deux cents mètres qu'ils se proposaient de fabriquer. Une fois obtenu, ce poids fut représenté par une pièce de bois, à laquelle fut attachée l'une des extrémités des vingt mètres de corde qu'ils avaient à leur disposition, tandis que l'autre bout fut solidement attaché au tarse du bearcout.

Quand tout fut ainsi disposé, on débarrassa l'animal des liens qui le retenaient captif, et chacun s'éloigna pour le laisser libre de déployer ses ailes. Se croyant affranchi de toute entrave, le bearcout s'élança du point sur lequel il était posé et d'un trait monta verticalement dans les airs.

Son vol, plein de vigueur et de rapidité, remplit d'abord d'une joyeuse espérance le cœur de nos trois amis. Mais qu'elle devait être fugitive cette espérance! L'instant qui la voyait naître allait aussi la voir mourir.

La corde, arrivée à son entier développement, se tendit et imprima une secousse telle, que l'aigle redescendit soudain de plusieurs pieds en arrière; en même temps la pièce de bois était à peine soulevée de quelques pouces au-dessus de terre.

Surpris par cette interruption inattendue, l'aigle s'agita un moment, puis, retrouvant son équilibre, il reprit une seconde fois son essor.

De nouveau la corde tendue enleva de terre la pièce de bois. Mais le bearcout semblait s'y être préparé et en fut cette fois moins brusquement contrarié dans son vol. Malgré cela, il recula de nouveau, et le bloc retomba sur le sol.

Après un troisième essai qui n'eut pas un meilleur résultat, convaincu peut-être de son impuissance à s'élever verticalement, il prit son élan dans le sens horizontal le long du rocher.

Le bloc entraîné à sa suite faisait tantôt à droite, tantôt à gauche, des bonds irréguliers ; à plusieurs reprises même on le vit s'élever à une petite hauteur, mais pour quelques secondes seulement.

Son vol plein de vigueur remplit d'espérance
le cœur de nos trois amis.

Ainsi devait échouer ce nouveau plan. Nos pauvres amis, déçus encore une fois dans leurs espérances, échangèrent entre eux des regards où se lisait un amer désappointement, et, laissant l'aigle libre de traîner son boulet où bon lui semblerait et aussi longtemps qu'il le jugerait convenable, ils ne s'en occupèrent plus.

XXXVII.

EXPÉRIENCES NOUVELLES.

Cependant le silence qui succède toujours aux désappointements fut moins long cette fois qu'à l'ordinaire, et le chagrin qui le provoquait n'en excéda pas la durée. Tous deux s'évanouirent comme les nuages qui pour un moment obscurcissent un ciel d'été : ils se dissipent, et la voûte azurée redevient sereine et lumineuse.

C'est à Gaspard que l'on fut redevable de cet heureux changement. Il lui était survenu une idée nouvelle, qu'il communiqua à ses compagnons. A vrai dire, l'idée en elle-même n'était pas nouvelle du tout; c'était plutôt une modification du plan de Karl, et le bearcout devait en être encore le principal agent.

Depuis qu'on l'avait mis à l'épreuve et que sa force s'était montrée au-dessous de ce qu'on en attendait, l'aigle n'était plus aux yeux de Karl et d'Ossaro bon à autre chose qu'à leur fournir un nouveau rôti ; mais Gaspard en jugeait tout autrement. Pour lui, l'insuccès de l'expérience résultait uniquement d'un surplus de poids ; diminuer celui-ci de moitié, par exemple, et l'épreuve devenait des plus satisfaisantes.

Pouvait-on, oui ou non, diminuer le poids de la corde ? Toute la question était là. Gaspard ne songea pas un instant à la résoudre en optant pour une corde plus mince ; car de la grosseur dépendait la solidité, et il y allait de la vie pour ses compagnons et pour lui.

Cependant, si la longueur qui avait été jugée nécessaire en principe, pouvait être raccourcie ; si, au lieu de cent cinquante mètres, par exemple, on pouvait la réduire à cinquante, rien n'entraverait plus l'essor de l'aigle, et le problème serait résolu à la satisfaction générale.

— Mais, dit Karl, à quoi nous servirait une corde de cette dimension, lors même que le bearcout pourrait la porter jusqu'à la lune, si, dans la partie la moins élevée du rempart au sommet duquel elle doit être fixée, l'extrémité inférieure de la corde se trouvait encore à cinquante mètres au-dessus de nos têtes ?

— Pas même à un pied, ni à un pouce ; l'autre extrémité sera entre nos mains, reprit vivement Gaspard.

— Tu me sembles oublier, repartit le frère aîné avec calme, que cet odieux rempart n'a pas moins de cent mètres d'élévation.

— Je ne l'oublie nullement, répliqua le jeune homme avec la même assurance, et je répète qu'une corde de cette longueur, et même de moitié plus courte, peut demeurer entre nos mains, tandis que son extrémité supérieure serait portée au sommet du rocher.

Karl semblait embarrassé, et pour cette fois là conception de l'Hindou fut plus prompte que celle du mathématicien.

— Ah! oui, jeune sahib vouloir dire si nous être en haut des échelles.

— Parfaitement, Ossy, vous avez deviné juste.

— Dans ce cas, je comprends, dit Karl avec lenteur. Puis il retomba dans ses calculs.

— Tu pourrais bien avoir raison, frère, reprit-il après un assez long silence. Dans tous les cas, il n'en coûte rien d'essayer. Si tu ne te trompes pas, la corde que nous avons sera suffisante sans en fabriquer d'autre, et nous pouvons tenter l'épreuve immédiatement.

— Où est l'animal? s'écria Gaspard, en regardant de tous côtés pour le découvrir.

— Là-bas, sahib, répondit Ossaro en indiquant un point du précipice.

L'aigle était en effet perché sur une saillie peu élevée, où il s'était abattu après ses tentatives infructueuses de fuite. Il avait l'air tout abattu, et l'on eût pu croire que rien ne serait plus facile que de le saisir avec la main. Cependant, quand Ossaro s'approcha dans cette intention, l'oiseau, se croyant encore libre, se releva; et d'un bond hardi s'élança dans les airs. Mais ce fut pour sentir de nouveau l'obstacle insurmontable qui contrariait son vol. Il redescendit, ramené vers la terre par le poids du bloc et par le bras nerveux de l'Hindou.

Celui-ci détacha le bloc, et le bearcout ne se trouva plus chargé que de la corde. Laissé libre de prendre son essor, le roi des oiseaux s'éleva majestueusement dans l'espace, comme s'il se proposait d'arriver d'un seul trait sur la cime du Tchamoulary. Mais, à une cinquantaine de mètres de hauteur, il fut arrêté dans son vol ambitieux et décrivit une courbe au moment où la corde, tenue en laisse par Ossaro, lui rappela qu'il était encore captif.

L'expérience était concluante, le plan de Gaspard promettait le succès. Restait à faire les préparatifs indispensables pour l'amener à bonne fin.

XXXVIII.

ÉVASION DE L'AIGLE.

Il fallait avant tout s'assurer de la qualité de la corde et essayer sa force. Celle-ci reconnue suffisante, il ne resterait plus qu'à l'assujettir de nouveau au tarse du bearcout, à faire l'ascension des échelles et à le laisser prendre son vol. S'il lui arrivait une fois encore de s'élever en ligne verticale, puis d'enrouler la corde autour de quelque aspérité du rocher quand il en aurait atteint la crête, nos amis pourraient se considérer comme libres. Libres ! cette seule pensée les mettait hors d'eux-mêmes, et les remplissait d'une émotion indicible !

Il est vrai qu'il resterait encore à échelonner la corde, au moyen de morceaux de bois glissés dans son tissu, afin d'avoir un point d'appui dans cette ascension périlleuse, qui eût défié les muscles du plus hardi marin; mais ceci avait été prévu d'avance et ne demanderait pas beaucoup de temps, quand on en serait arrivé là.

Le point essentiel était de savoir si la corde à laquelle leurs vies allaient être suspendues était solide, et il restait à découvrir le meilleur moyen de s'en assurer. Les deux frères s'étaient figurés qu'en l'attachant à un tronc d'arbre et en la tirant de toutes leurs forces réunies, cela suffirait; mais Ossaro était d'un avis contraire. D'après lui, le plan qu'il avait conçu dans sa cervelle orientale était bien supérieur; aussi, en dépit de toutes remontrances, il résolut d'en faire l'essai.

Dans ce but, il grimpa au haut d'un grand arbre, et, s'étant glissé sur une forte branche horizontale, il y attacha la corde dont il tenait un des bouts. Puis, d'après ses directions, les deux jeunes gens, restés en bas, se saisirent de l'autre, et, sans toucher la terre, s'y suspendirent tous les deux à la fois, pendant une ou deux minutes. Comme il ne se manifesta aucun fâcheux symptôme sous la tension de ce double poids, à plus forte raison n'y aurait-il rien à craindre pour celui qui y grimperait seul. Enchanté de ce résultat, Ossaro redescendit à terre, mais ce ne fut pas pour longtemps.

Chargé de l'aigle sous son bras droit et du rouleau de corde sur son bras gauche, il se dirigea vers le lieu où les échelles avaient été placées. Karl et Gaspard le suivaient de près, et Fritz était à l'arrière-garde. Tous les quatre avançaient en silence, avec une certaine solennité de tenue et d'expression, comme il convenait à des gens qui allaient tenter une entreprise aussi importante.

La nouvelle expérience ne devait pas demander beaucoup de temps. Si elle réussissait, les trois prisonniers se verraient bientôt sur la crête de ce rocher fatal, dont la vue les a tant fait souffrir. Fritz gambaderait à leurs côtés, ou escaladerait les pentes neigeuses, heureux de les suivre n'importe où, fût-ce même au sommet du Tchamoulary.

Mais, hélas! combien la soirée de ce jour mémorable fut différente de ce qu'on l'avait rêvée! Au coucher du soleil ils revenaient, la tête basse et le cœur plein de tristesse, vers leur pauvre demeure : cette hutte si méprisée, dont le toit hospitalier leur souhaite toujours la bienvenue, en dépit de leur ardent désir de le quitter.

Ils y revinrent avec tristesse, avons-nous dit. Et comment aurait-il pu en être autrement, puisque la liste déjà si longue de leurs insuccès venait de s'augmenter d'un nouvel échec?

Ossaro, chargé de l'aigle et de la corde, avait atteint au moyen des échelles le point le plus élevé où l'on pût parvenir. De là il avait donné la volée au bearcout en lui abandonnant librement la corde, dont il ne retenait qu'une extrémité.

Cette expérience, loin d'être sans danger pour le vieux chasseur, faillit lui coûter la vie et clore d'une façon tragique son existence aventureuse.

Le digne homme se balançait nonchalamment sur l'étroite saillie du rocher, sans prévoir le moins du monde la tournure qu'allaient prendre les choses : lorsque l'aigle, au lieu de s'élever dans les airs, comme on s'y était attendu, prit tout à coup une direction horizontale, et, sans dévier, sans une pause, entraînant après lui la laisse que, par bonheur, Ossaro avait abandonnée, il traversa la vallée comme une flèche, et, gagnant l'autre côté du rempart, reconquit pour toujours sa liberté.

Ce ne fut pas sans chagrin que les deux frères contemplèrent d'en bas ce résultat si peu conforme à leurs désirs, et qu'ils attribuaient à une maladresse d'Ossaro. Mais quand celui-ci leur eut donné les explications désirées, ils comprirent que s'il n'avait pas lâché la corde à temps, leur fidèle guide ne serait jamais revenu leur apprendre comment s'était accomplie la fuite de l'aigle.

XXXIX.

FRITZ ET LES FAUCONS.

Ce fut avec des cœurs gros de tristesse que nos amis s'éloignèrent de ces lieux, où une fois encore leur espoir de délivrance s'était changé en une amère déception.

Ils s'en revenaient à pas lents et d'un air abattu. Fritz les suivait l'oreille basse, la queue entre les jambes, pour témoigner à sa façon la part qu'il prenait au désappointement général.

Ils arrivèrent ainsi en vue de la hutte, à laquelle ils s'étaient crus une fois encore sur le point de dire un dernier adieu. En l'apercevant, Karl rompit le silence et dit avec émotion :

— Pauvre foyer, comme plus d'un ami véritable tu ne payes pas de mine, et cependant tu n'en vaux pas moins pour cela; seul, ami fidèle, tu n'as pas trompé la confiance que nous avons mise en toi ; aussi je t'apprécie et commence à t'aimer.

Sans rien dire, Gaspard soupira. Le jeune chasseur de chamois songeait à un autre foyer au sein des montagnes bavaroises, bien loin de là, du côté du soleil couchant ! et tant que ce souvenir occupait sa pensée, il ne pouvait se réconcilier avec l'idée d'une résidence forcée au cœur de l'Himalaya.

Les pensées d'Ossaro étaient également absentes de la vallée, mais elles suivaient une autre direction. Elles lui retraçaient une hutte de bambou, au bord d'une onde cristalline, ombragée de palmiers et d'autres arbres des tropiques. Elles lui rappelaient également ses bons repas de riz assaisonné d'épices, et son bétel bien-aimé que rien ne pouvait remplacer pour lui.

Mais Gaspard, qui ne pouvait renoncer à tout espoir de retourner dans sa demeure lointaine, caressait déjà un nouveau projet d'évasion dont il retournait le plan dans sa pensée. Peut-être n'en aurait-il rien dit ce soir-là, si son frère, qui avait remarqué sa préoccupation, ne lui en eût demandé la cause.

— Je songe, dit le jeune homme, depuis que l'aigle nous a échappé, à un autre oiseau de ma connaissance qui pourrait tout aussi bien, si ce n'est mieux, nous rendre le service que nous attendions du bearcout.

— Un autre oiseau, reprit Karl, lequel ? Tu ne penses pas, je suppose, à ces superbes oies de Brahma qui se promènent majestueusement sur le lac. Quand même nous en attraperions une, elle serait tout aussi incapable, chargée d'une ou deux livres de corde, de sortir de la vallée en s'aidant de ses ailes que nous le serions nous-mêmes. Non, mon ami, crois-moi, il faut aban-

Une hutte d'indigène.

donner cette idée. Seul l'aigle avait une aile assez puissante pour accomplir notre dessein.

— L'oiseau auquel je pense appartient au genre de l'aigle. N'est-ce pas ainsi qu'on s'exprime dans le langage scientifique, monsieur le savant? Et maintenant m'avez-vous compris, et pouvez-vous me dire à quel oiseau je fais allusion?

Faucons.

— Non, car nous n'en avons ici aucun, à l'exception peut-être des faucons; et encore, d'après les naturalistes, ceux-ci n'appartiennent-ils pas au genre de l'aigle; ils font seulement partie de la même famille. Il y en a, il est vrai, plusieurs espèces dans la vallée; cependant, même les plus vigoureux seraient incapables de porter sur le rocher le poids de deux cents mètres de ficelle. En voici justement deux des plus grands de l'Himalaya. Sont-ce là tes oiseaux, frère?

— Non, pas exactement, reprit Gaspard avec un singulier sourire.

Puis, passant brusquement d'une idée à une autre :

— Mais que font-ils donc là? On dirait qu'ils se proposent d'attaquer Fritz. S'imaginent-ils par hasard être de force à lutter avec mon brave chien?

Tandis qu'il parlait, les deux faucons descendaient rapidement, en décrivant des cercles toujours plus circonscrits au-dessus de l'endroit où l'ami Fritz se tenait accroupi près d'un taillis, à une vingtaine de mètres de la hutte.

— Peut-être leur nid est-il dans ce buisson, dit Karl, et c'est pour cela, sans doute, qu'ils paraissent aussi irrités.

C'est l'idée qui fût venue à tous ceux qui auraient été témoins de la singulière manière d'agir de ces oiseaux. Tantôt ils s'élevaient pour redescendre, puis remontaient pour redescendre encore, en décrivant chaque fois une courbe parabolique, et à chaque descente successive se rapprochant toujours plus du chien, tellement qu'ils arrivèrent à effleurer sa tête du bout de leurs ailes. Tous ces mouvements ne s'exécutaient pas en silence; au contraire, les deux faucons poussaient des cris perçants comme deux mégères en furie.

— Certainement leur nid doit être par là, répéta le botaniste.

— Non, sahib, dit Ossaro. Le chien avoir un morceau de viande et eux vouloir le souper du chien.

— Ah ! le chien mange ; oh ! alors tout s'explique, dit Gaspard à son tour. Mais sont-ils stupides de croire que Fritz va leur céder son souper ! D'autant mieux qu'il s'en régale de si bon cœur, qu'il ne prend pas même garde à eux.

Ceci était parfaitement vrai ; jusqu'à ce moment le chien s'était à peine aperçu de l'attaque des assaillants, et leurs démonstrations hostiles n'avaient encore attiré de sa part que quelques faibles protestations. Mais quand enfin ils s'approchèrent au point d'insérer la pointe de leurs ailes dans ses yeux, la chose lui parut moins tolérable ; il finit par s'impatienter, ses grognements devinrent plus fréquents, et une fois ou deux il releva la tête, comme pour saisir les plumes les plus proches.

Ce manège dura environ cinq bonnes minutes. Depuis le commencement de l'action les faucons avaient suivi une ligne de conduite opposée. L'un attaquait toujours la victime de front et l'autre par derrière. Par cette tactique ils forçaient le pauvre Fritz à faire face à l'ennemi des deux côtés à la fois, ce qui n'était pas chose facile. Aussi le voyait-on tantôt se jeter sur l'assaillant de devant, puis se retourner pour se défendre contre celui de derrière, qu'il croyait être de beaucoup le plus poltron, puisqu'il n'osait l'attaquer de face.

Des deux adversaires cependant ce dernier était à coup sûr le plus tapageur et le plus audacieux. Car, non content d'administrer à Fritz quelques bonnes tapes avec ses ailes, l'impertinent osa lui appliquer sa griffe aiguë dans la partie postérieure de la façon la plus indélicate.

208 LES GRIMPEURS DE ROCHERS.

Ceci dépassait tout ce que la chair et le sang du noble animal pouvaient supporter sans bondir. Abandonnant

L'impertinent osa lui appliquer sa griffe aiguë dans la partie postérieure.

le morceau de venaison qu'il mangeait, il se redresse sur ses quatre pattes, se retourne vers l'agresseur et fait un saut prodigieux pour le saisir.

Mais le rusé faucon avait prévu le coup, et déjà planait dans les airs à une hauteur où ne pouvait atteindre le saut le plus merveilleux que bipèdes ou quadrupèdes aient jamais accompli.

Fritz, contrarié dans son désir de vengeance, tout en aboyant de dépit, se retourna vers son morceau de viande. Mais quel désappointement se peignit dans ses regards, lorsqu'il ne le trouva plus à sa portée! Pendant que l'un des rapaces lui griffait le croupion, l'autre lui volait son souper, qu'il emportait triomphalement dans son bec vers la région des nuages, quand le chien désolé l'aperçut pour la dernière fois.

XL.

FRITZ SÉRIEUSEMENT OFFENSÉ.

Ce petit incident avait interrompu la conversation des deux frères ; elle ne fut cependant point reprise au moment où il se termina.

Le regard que Fritz dirigeait vers les voleurs emplumés avait quelque chose de si piteux et de si comique, qu'il détermina un accès de fou rire chez les trois spectateurs de cette scène amusante.

Tout dans l'animal déconfit trahissait une émotion inaccoutumée. Le chagrin seul pouvait égaler la surprise que dénotait son attitude lorsque, la tête en l'air, les narines dilatées et frémissantes de rage, il se tenait immobile, poursuivant de ses désirs de vengeance les deux effrontés maraudeurs.

Jamais encore, de sa vie, non pas même quand il sentait à ses trousses l'horrible trompe de l'éléphant, notre ami Fritz n'avait autant regretté l'absence d'une bonne paire d'ailes. Ah ! s'il eût été doué d'une baguette magique, il aurait bientôt réparé cette injustice de la nature, et on l'eût vu, à l'aide de ces puissants auxiliaires, poursuivre, atteindre et châtier les coupables comme ils le méritaient. Mais ses vœux étaient impuissants : il lui fallait, à défaut d'autre chose, dévorer un sanglant affront et se voir duper par deux créatures dont la force et l'intelligence lui inspiraient un souverain mépris.

C'est le mélange de tous ces sentiments qui prêtait à son attitude cet air tragi-comique dont les témoins riaient de si bon cœur.

Mais ce fut bien autre chose quand il vit ceux sur la sympathie desquels il comptait se divertir à ses dépens. En vain son œil expressif leur adressait de touchants reproches, faisait appel à leur vieille affection ; cette muette éloquence, loin d'atteindre son but et de tarir leur gaîté, sembla plutôt en redoubler l'accès. Pauvre Fritz, il se sentit alors sans ami sur la terre !

Plus de dix minutes s'écoulèrent avant que les trois rieurs fussent parvenus à reprendre leur sérieux ; mais longtemps avant ce moment l'innocente victime de tant d'infortunes s'était retirée dans le coin le plus reculé de la hutte, pour y méditer sur l'ingratitude humaine et sur l'injustice du sort.

Quand enfin les deux frères et Ossaro se furent suffisamment désopilé la rate, leur fou rire se calma ; et comme celui qui l'avait provoqué était hors de vue, son souvenir s'effaça aussi graduellement de leur esprit.

On s'étonnera peut-être que, dans les circonstances où ils se trouvaient placés, nos amis aient pu s'abandonner à un tel accès de gaîté. Il n'y a rien là cependant qui doive nous surprendre; tout y est conforme aux instincts de notre nature. Dans l'âme humaine la joie et le chagrin se succèdent alternativement, comme le jour succède à la nuit, et le calme à l'orage. Une sage Providence l'a ainsi ordonné pour conserver l'équilibre de nos forces morales, comme elle a établi la variété des saisons pour entretenir celui de nos forces physiques.

Types hindous.

XLI.

L'OISEAU DE GASPARD.

Le lendemain matin, le sérieux ayant repris tout son empire dans la petite société, les jeunes gens revinrent à leur conversation si brusquement interrompue la veille.

— Eh bien! frère, dit Karl, qui fut le premier à entamer le sujet, tu dis donc qu'il y a un oiseau du genre de l'aigle qui serait de force à porter une corde sur la crête du rocher. Voyons, duquel veux-tu parler?

— Décidément, Karl, je ne te reconnais plus en cette circonstance. Qu'est devenue ta perspicacité habituelle? Se peut-il que la présence des deux faucons, de ces deux *kites* (1), ne t'ait pas encore mis sur la voie et fait penser à un cerf-volant?

---

(1) Le mot *kite* en anglais désigne les oiseaux de proie; il s'applique aux faucons, aux milans, aux vautours, et signifie également cerf-volant : de là le double sens que Gaspard y attache et qui ne peut se rendre en français.
(*Note du traducteur.*)

— Eh quoi! est-ce à cela que tu pensais?

— Oui, certainement. Ne nous serait-il pas possible d'en fabriquer un de larges dimensions, dont la poitrine amplement développée, le corps mince et très élancé, seraient munis d'une de ces longues queues comme toi et moi nous nous plaisions à les faire il n'y a pas encore si longtemps.

— Un cerf-volant! dit Karl, répétant machinalement la phrase, tout en retombant dans une de ses rêveries. Il se pourrait en effet, reprit-il après une pause, oui, il se pourrait que l'idée ne fût pas mauvaise et qu'on pût en tirer quelque chose; mais, hélas!...

— N'achève pas, Karl; je te comprends ; tu veux dire que nous n'avons pas de papier pour le faire, et que par conséquent la question est vidée. A quoi bon y songer en effet, puisque le plus important nous manque? Nous aurions facilement le corps, les membres et la queue de mon oiseau ; mais les ailes, où les prendre? Si seulement nous avions une liasse de vieux journaux! Mais à quoi bon souhaiter ce qu'on ne peut avoir?

Karl gardait le silence, sans entendre ou plutôt sans paraître écouter ce que disait son frère ; il était de nouveau absorbé par ses réflexions.

— Peut-être, dit-il enfin, en jetant un regard d'espérance du côté du bois, peut-être ne sommes-nous pas aussi dépourvus de matériaux que tu sembles le croire, Gaspard.

— Parles-tu du papier?

— Oui, nous sommes précisément dans la région du globe où il croît.

— Où croît le papier ? s'écria le jeune homme ébahi.

— Non, dit Karl, pas le papier lui-même, mais la plante dont on tire la matière qui le produit.

— Quelle est cette plante, frère ?

— C'est un arbre ou plutôt un arbuste de la famille des *thyméléacées* ou *daphnés*. On le rencontre en diverses contrées, mais principalement dans les régions froides de l'Inde et de l'Amérique méridionale. Il s'en trouve aussi en Europe : le lauréole de nos haies que l'on emploie en médecine est un pur daphné.

Le plus curieux représentant des thyméléacées est sans contredit le célèbre *laget* ou arbre à dentelle de la Jamaïque. Les dames de ce pays se taillent des parures complètes dans son écorce ; et ces cols, ces manchettes et ces berthes, une fois blanchis, ont toute l'apparence de dentelles véritables. Avant l'abolition de l'esclavage, les nègres marrons de la Jamaïque se faisaient des vêtements avec l'écorce de cet arbre, qui croît en abondance dans les forêts. Mais à cette époque aussi les propriétaires d'esclaves faisaient filer les fibres flexibles du laget pour en confectionner les fouets destinés à frapper leurs victimes.

— Et tu crois qu'on en peut tirer aussi du papier ? demanda Gaspard, impatient de revenir au sujet qui l'intéressait.

— Oui, reprit le botaniste, il y a plusieurs espèces de daphnés dont l'écorce peut être convertie en papier. On en trouve quelques-unes au cap de Bonne-Espérance, d'autres dans l'île de Madagascar ; mais les meilleures croissent précisément en Chine et dans l'Himalaya.

Il y a dans le Népaul le daphné *bholoua*, dont les habitants font un papier d'emballage qui réunit la souplesse à la force, et j'ai quelques raisons de croire qu'il s'en trouve également dans nos parages.

Nègres marrons de la Jamaïque.

De plus, on trouve deux ou trois variétés de cette même plante de l'autre côté de ces montagnes, en Chine et au Japon. Les Chinois en tirent ce papier jaune dont ils se servent pour leurs livres et pour recouvrir leurs boîtes à thé. D'où je conclus, ajouta le botaniste, que, puisque ces espèces croissent en Chine, c'est-à-dire à l'est, et dans le Népaul, c'est-à-dire à l'ouest du point que nous occupons, il n'y aurait rien d'étonnant à ce qu'il y en eût ici. La graine peut en avoir été semée par les oiseaux; car beaucoup d'entre eux en sont très friands, et, chose digne de remarque,

La ville du Cap.

ils mangent impunément ces semences qui sont un poison mortel pour tous les quadrupèdes.

— Penses-tu, frère, que tu pourrais reconnaître cette plante, s'il y en avait ici? demanda Gaspard.

— Je dois avouer que je ne l'ai jamais vue; mais, en la soumettant à l'analyse, je crois pouvoir en reconnaître facilement les caractères distinctifs. Les feuilles des espèces dont on tire le papier sont lancéolées, teintées de pourpre, veloutées et luisantes comme celles du laurier. Malheureusement elles ne sont pas en fleurs à cette époque-ci de l'année, mais il me suffira, je pense, d'une graine et d'une ou deux feuilles pour en constater l'identité. D'ailleurs, la nature de l'écorce pourra également me guider; elle est à la fois souple et résistante. J'ai certaines raisons de supposer qu'il n'en existe pas loin d'ici; c'est pourquoi je t'ai dit que nous n'étions peut-être pas dépourvus de tout moyen d'avoir du papier.

— Qu'est-ce qui te le fait croire, frère?

— Il y a quelque temps déjà, j'ai passé par hasard près d'un massif composé d'arbustes dont les plus hauts ne m'arrivaient guère qu'à la poitrine. Ils étaient alors tout couverts de fleurs lilas, qui croissaient en petites cimes à l'extrémité des branches. Elles étaient très odorantes et n'avaient point de corolle, mais simplement un calice coloré. Or, ces caractères correspondent parfaitement à ceux de la fleur du daphné; les feuilles aussi étaient lancéolées et portaient les signes distinctifs dont je t'ai déjà parlé. Je ne songeai pas alors à examiner sérieusement cette plante; mais plus j'y réfléchis, plus je suis porté à croire qu'elle appartient au genre dont nous nous occupons.

— Penses-tu qu'il te serait possible de retrouver ce massif?

— Oui, même assez facilement. Il n'est pas très éloigné du lieu où nous avons l'un et l'autre imité par trop fidèlement le kakour.

— Ah! ah! vraiment, dit Gaspard en riant; je conçois que tu ne l'aies pas oublié. Mais, après tout, ajouta-t-il au bout d'un instant avec un mélange de tristesse, en supposant que cet arbuste soit réellement le daphné, à quoi cela nous avancera-t-il, puisque nous ignorons la manière de fabriquer le papier?

— Qui te l'a dit? reprit Karl en relevant avec vivacité l'affirmation si positive de son frère. Je n'en suis pas si sûr que cela, moi. J'ai lu dans un vieil ouvrage sur la Chine tous les détails de l'opération. Elle est fort simple en elle-même, et je crois m'en souvenir assez pour la tenter avec succès.

Seulement je ne te promets pas du papier à lettre, mais quelque chose qui pourra très bien remplir le but que nous nous proposons. Puisque, malheureusement, nous n'avons point ici de bureau de poste, nous pouvons nous passer de la pâte la plus fine; et si nous parvenons à fabriquer un produit de la grosseur d'un fort papier d'emballage, c'est, je présume, tout ce qu'il nous faudra.

— Certainement, dit Gaspard, et il n'en vaudra que mieux. Mais, Karl, ne pourrions-nous pas aller tout de suite à la recherche de cet arbuste?

— C'est ce que nous avons de mieux à faire, répondit le frère aîné en se levant.

Chacun suivit son exemple. Ossaro était trop intéressé au résultat de l'exploration pour rester en arrière, et Fritz lui-même, s'étant aperçu qu'on se préparait pour une expédition nouvelle, jugea à propos de secouer les derniers restes de sa mauvaise humeur et de suivre silencieusement.

XLII.

FABRICATION DU PAPIER.

A la grande joie de tous, les conjectures du jeune botaniste passèrent bientôt dans le domaine de la réalité. Le massif dont il avait parlé se trouva presque entièrement composé de l'arbuste qu'il cherchait. Il put s'en convaincre par les quelques feuilles et les graines qui restaient encore sur les branches, et aussi par la nature de l'écorce. Cette dernière, très adhérente, était tellement âcre au goût, qu'Ossaro eut le palais presque cautérisé pour avoir fait la folie d'en mâcher un morceau.

Après un minutieux examen, Karl arriva à conclure qu'il avait sous les yeux un véritable daphné. Il ne se trompait pas, c'était bien en effet le daphné bholoua particulier au Népaul, et dont les habitants fabriquent, comme nous l'avons dit, un papier épais, souple et solide.

Mais à quoi eût servi cette découverte, si les connaissances de Karl n'avaient pas été à la fois pratiques et variées, si à l'étude des classifications botaniques il n'avait joint celle des propriétés particulières des plantes, et aussi celle des préparations qu'elles doivent subir pour être employées utilement? Ce fut donc à son érudition que l'on fut redevable des moyens d'utiliser cette précieuse trouvaille.

Une fois assurés de la possession du daphné, ils travaillèrent sans retard à l'exécution du plan conçu par Gaspard.

Les lames de couteaux furent immédiatement mises en réquisition, et s'exercèrent sur tous les arbres qui se trouvaient sur place, afin de les dépouiller de leur écorce depuis les branches inférieures jusqu'en bas. Cependant on ne jugea pas nécessaire de les abattre, parce que l'écorce, ne se détachant que par bandes étroites, était plus facilement enlevée tant qu'ils restaient sur pied.

A part un court repos au milieu du jour pour prendre une légère collation, nos amis travaillèrent sans relâche jusqu'au coucher du soleil, et ce ne fut qu'au moment où cet arbre disparaissait derrière le Tchamoulary qu'ils reprirent le chemin de leur demeure, portant chacun sur son dos un gros paquet d'écorce et accompagnés de Fritz, qui trottinait joyeusement derrière eux.

Le lieu qu'ils quittaient devait porter longtemps des traces trop évidentes de leur activité. Sur une étendue d'une demi-acre de superficie, tous les arbres à papier étaient aussi complètement dépouillées de leur écorce que s'ils avaient été broutés par un troupeau de chèvres.

En arrivant à la hutte, les travailleurs procédèrent au premier acte de leur fabrication. A la clarté des torches résineuses qui leur tenaient lieu de chandelles, ils se mirent à déchirer l'écorce du daphné, pour la réduire en filaments aussi menus que possible. Une bonne partie de la soirée fut consacrée à cette occupation. Mais une conversation animée et même enjouée leur fit oublier la monotonie de ce travail, qu'ils comparaient, en plaisantant, à celui des prisonniers réduits à faire le triage des étoupes pendant leur captivité. Plaisanterie qui, dans leurs circonstances particulières, ne manquait pas d'un certain à-propos.

Ils se mirent à déchirer l'écorce du daphné.

Quand cette tâche fut terminée, on soupa et l'on alla se coucher, l'esprit tout plein de ce qui restait à faire pour que cette œuvre si bien commencée pût arriver à bonne fin.

Les procédés du lendemain seraient d'ailleurs beaucoup moins fatigants et demanderaient plus de patience que de travail. L'écorce ainsi écharpée devait être mise dans un récipient contenant une quantité suffisante d'eau et de cendre de bois, puis y être maintenue dans un état d'ébullition pendant plusieurs heures consécutives.

Mais ici se rencontra un obstacle qui aurait pu s'opposer à la continuation de l'entreprise. Nos amis ne possédaient ni marmite ni chaudron, comment surmonter cette difficulté? Il est vrai que, grâce à la source thermale, l'eau bouillante ne manquait pas; mais il était impossible d'y plonger le mélange d'écorce et de cendre; celle-ci se serait bientôt séparée de la première sans avoir exercé sur elle l'action qu'on en attendait; et de plus, les filaments du daphné, exposés au mouvement continuel de l'eau, se seraient dispersés de façon à ne plus pouvoir se retrouver. Les nouveaux fabricants sortirent d'embarras par un moyen bien simple : ils placèrent leur écorce et leur cendre dans une grande peau d'yack, en attachèrent les extrémités réunies avec une corde, de façon à en faire un paquet d'où rien ne pouvait s'échapper; puis ils le plongèrent dans la source et l'y laissèrent le temps voulu. Après quoi, le mélange, ayant suffisamment bouilli, fut retiré de son enveloppe et étendu sur une pierre plate pour sécher.

Pendant que s'accomplissaient ces opérations, personne ne restait inactif. Gaspard s'occupait à fabriquer un gros maillet, et Ossaro une sorte de tamis. A cet effet, il avait taillé de fines éclisses dans des cannes de bambou, ensuite il les plaça les unes près des autres et les assujettit dans un cadre du même bois. Il avait été chargé de ce travail, parce que seul il avait l'habitude de tirer parti du bambou et de le transformer en une foule d'objets d'un usage journalier. Il est vrai que jamais encore il n'avait rien fait de semblable à un tamis, mais, sous la bonne direction de Karl, il parvint à en confectionner un très bien approprié à l'usage auquel on le destinait.

Quand les fibres furent à peu près sèches, on les battit au moyen du maillet sur la pierre plate où elles étaient étendues, jusqu'à ce qu'elles fussent réduites à l'état de pâte. Cette pâte fut alors remise dans la peau d'yack, dont les bords étaient resserrés pour en former une espèce de sac. Le tout fut de nouveau immergé, non plus dans l'eau chaude de la source, mais dans l'eau froide du lac. Quand le sac fut plein d'eau, on remua la pâte avec un bâton; par ce procédé toutes les impuretés remontèrent à la surface; on s'en débarrassa, et la première eau fut remplacée par une seconde. On continua de la sorte jusqu'à ce que la substance mucilagineuse fut devenue pure et douce au toucher.

Alors commença la dernière opération, celle qui en réalité devait produire le papier. Mais celle-ci, Karl se la réserva, parce que, bien qu'elle fût très simple, elle exigeait une dextérité, une adresse toute particulière. Elle consistait à placer la pâte sur le tamis, et à l'agiter constamment sous l'eau jusqu'à ce qu'elle fût arrivée à se répandre d'une manière uniforme sur toute la surface. Alors il fallait sortir le tamis de l'eau avec les plus grandes précautions pour le maintenir dans la position horizontale, afin de ne pas déranger la couche de pâte qui, une fois sèche, devait fournir le papier.

Naturellement, avec un seul tamis, on se vit obligé d'attendre que la première feuille fût assez sèche pour la sortir du cadre, avant de le remplir de nouveau, et le même inconvénient se répétant pour chaque feuille, il s'écoula plusieurs jours avant que toute la pâte fût convertie en papier.

Mais alors nos amis se trouvèrent en possession d'un nombre suffisant de grandes feuilles avec lesquelles ils pouvaient recouvrir un cerf-volant aussi grand qu'une porte cochère.

Pendant le séchage, les deux frères s'occupaient à en préparer la carcasse, tandis qu'Ossaro avait entrepris d'en fabriquer la queue.

Mais la partie qui demanda le plus de temps et qui réclama les soins les plus minutieux fut la corde du cerf-volant. Chaque brin en dut être tordu avec la plus parfaite régularité, chaque fibre pour ainsi dire éprouvée avant de s'en servir. On eût été moins minutieux sans doute, si l'on avait pu employer une corde plus grosse, mais elle aurait été trop lourde; on en avait fait l'expérience précédemment avec l'aigle; il fallait donc que celle-ci fût absolument sans défaut pour ne pas coûter la vie à l'un de ceux qui devaient s'en servir. Pénétré du sentiment d'une semblable responsabilité, il est facile d'imaginer avec quel soin Ossaro s'acquittait de sa tâche.

Pour former la charpente du cerf-volant, on se servit

du bambou ringal, sa force, son élasticité et sa légèreté le rendant de beaucoup supérieur à tout autre bois pour ce travail.

Enfin, la colle pour réunir les feuilles de papier fut fournie par la racine d'arum réduite en poudre et bouillie comme pour faire de l'empois.

C'est ainsi qu'une semaine environ après que cette idée de cerf-volant eut pris naissance dans le cerveau de Gaspard, on en vit un contre le mur de la hutte, tout équipé et prêt à prendre son vol.

XLIII.

LE CERF-VOLANT.

Les choses étant arrivées à ce point, nos amis n'avaient plus qu'à attendre un vent favorable pour lancer dans l'espace cet oiseau d'un nouveau genre, qu'ils désiraient voir se diriger du côté des échelles.

D'une petite élévation qui se trouvait au centre de la vallée et sur laquelle ils étaient montés, ils avaient pu distinguer vaguement au-dessus du précipice une pente couverte de neige, d'où se projetaient d'énormes masses qui leur parurent être des quartiers de roc ou de sombres blocs de glace. Or, cette vue avait singulièrement augmenté leurs espérances. Si le cerf-volant, parvenu à ces hauteurs, pouvait tomber entre deux de ces masses et s'y assujettir assez solidement, il était plus que probable qu'il y serait retenu captif.

Pour mieux assurer cette réussite, ils l'avaient pourvu de grappins, c'est-à-dire qu'ils avaient laissé dépasser les deux extrémités de la traverse de bambou d'un pied environ et avaient armé ces parties de morceaux de bois solidement placés en croix, qui devaient agir comme les crochets d'une ancre.

En un mot, ils n'avaient épargné ni peine ni frais d'imagination pour obtenir le succès de leur entreprise, et avaient tenté tout ce qui était humainement possible pour se l'assurer.

La fortune parut enfin vouloir leur être favorable. Après deux ou trois jours d'attente, une forte brise, capable de porter dans les nues le plus monstrueux de tous les cerfs-volants, se mit à souffler dans la bonne direction. Immédiatement ils s'acheminèrent du côté des échelles.

Ossaro portait dans ses bras l'énorme volatile ; Karl devait le lancer et guider sa marche ascendante, tandis que Gaspard, aidé de l'Hindou, devait suivre en tenant la corde, vu qu'il n'y aurait pas trop de leurs forces réunies pour contrebalancer l'essor d'une aussi puissante machine ailée.

Pour que rien ne pût entraver leurs mouvements, ils avaient eu le soin d'abattre tous les buissons dans un espace assez considérable en avant du rocher; de cette façon, la corde ne devait rencontrer aucun obstacle et pourrait filer librement.

Tout étant ainsi préparé, on n'attendait plus que le signal du départ.

Ce fut un moment plein d'émotion que celui où chacun prit la place qui lui était assignée : Karl en avant, tenant d'une main le cerf-volant par sa partie dorsale et de l'autre soulevant sa queue; Ossaro serrant la corde, et Gaspard, à son côté, chargé du rouleau et prêt à en donner au fur et à mesure du besoin.

Chacun prit la place qui lui était assignée.

Karl mit enfin le cerf-volant en équilibre, puis, s'aidant de toute sa force, le souleva à plusieurs pieds de terre et donna le signal. Au même instant Gaspard et son compagnon commencèrent à courir en arrière pour tendre la corde. Alors, semblable à un gigantesque vautour aux ailes déployées, le voilier s'éleva majestueusement dans les airs. En moins de rien il eut dépassé la cime des arbres les plus élevés, et, suivant son mouvement ascensionnel, il se dirigea vers la crête du rocher.

Dans son enthousiasme, Karl poussa un cri de joie, auquel ses compagnons, trop occupés, ne purent s'associer tout d'abord. Ce ne fut que lorsque le cerf-volant fut arrivé à une grande hauteur et qu'il eut, selon toute apparence, dépassé de plusieurs mètres le sommet du rempart granitique, que Gaspard et Ossaro répondirent à la joyeuse exclamation de leur chef en poussant des hourras prolongés.

— Ossaro, lâchez tout ; et toi, Gaspard, tiens ferme le bout de la corde, cria le botaniste, de manière à dominer le bruit du vent.

L'Hindou obéit, cessa de retenir la corde, mais, par excès de prudence, se hâta de rejoindre Gaspard et de saisir avec lui le bout qui lui restait en mains.

Comme un immense oiseau qui a reçu un coup mortel, le cerf-volant, ainsi livré à lui-même, inclina subitement la tête vers la terre, puis évolua à travers l'espace en diverses directions. Quand il eut bien fait voltiger sa queue, tantôt dans un sens et tantôt dans l'autre, il s'élança soudain vers la pente neigeuse qui formait l'arrière-plan du rocher, et ne fut bientôt plus visible aux yeux de ceux qui l'avaient aidé à prendre son essor et qui désormais l'abandonnaient dans sa chute.

Jusque-là tout avait réussi au gré de leurs désirs ; mais la grande question était de savoir si, après s'être abattu dans un lieu convenable, le cerf-volant y demeurerait fixé, en d'autres termes, s'il était solidement retenu au milieu des rocs. Dans le cas contraire, tout était à recommencer.

Karl s'avança pour s'assurer du fait ; les deux autres suivaient avec auxiété chacun de ses mouvements.

Ce fut d'une main tremblante qu'il saisit la corde. D'abord il la tira doucement, comme pour attirer simplement à lui la partie flottante, puis elle se tendit et réclama un peu plus de force : on eût dit alors que le cerf-volant, toujours libre, se traînait sur la neige. Ils en reçurent tous une fâcheuse impression, et à mesure que la corde revenait à eux pied à pied, mètre après mètre, le nuage qui obscurcissait leurs fronts s'assombrit considérablement.

Heureusement, ce ne fut qu'un effet passager, qui se dissipa comme une fumée légère, dès qu'ils s'aperçurent que la corde résistait au mouvement de tension que lui imprimait Karl. Alors il la tira sans y mettre toute sa force, et comme s'il craignait encore de la voir céder, mais il n'en fut rien. Peu à peu s'enhardissant, il s'y suspendit : elle tenait ferme !

Ossaro et Gaspard se joignirent à lui, le cerf-volant ne bougea pas. La corde resta droite, longeant le rocher, immobile comme l'étui du grand mât d'un vaisseau.

En ce moment des cris de joie s'échappèrent de toutes les poitrines ; mais ils ne lâchaient pas la corde pour cela, ils s'y cramponnaient au contraire, comme s'ils craignaient de se la voir arracher par quelque hostile et invisible main.

Enfin le botaniste conseilla de la fixer solidement à un objet qui pût leur offrir toute garantie ; elle fut donc enroulée autour d'une grande pierre qui s'élevait non loin de là. Ils la maintinrent cependant autant que possible dans la même position, dans la crainte de déplacer l'ancre par un mouvement imprudent. Ainsi, pendant que les deux frères la tenaient immobile dans sa partie supérieure, Ossaro, attirant à lui toute la partie flottante, en entoura la pierre à laquelle il l'assujettit soigneusement.

Il ne leur restait plus qu'à échelonner la corde. Ce travail terminé, ils atteindraient sans difficulté le sommet du précipice, et seraient enfin libres comme l'air de la montagne qui soufflerait alors sur eux!

L'espoir d'une telle délivrance les rendait si heureux, qu'ils s'en félicitaient mutuellement comme s'ils l'avaient déjà obtenue.

Il est vrai qu'il leur restait encore à préparer les échelons, puis à les placer ; que ceci exigerait un certain temps ; mais maintenant qu'ils ne doutaient plus de la possibilité d'accomplir leur ascension, le temps s'écoulerait plus gaîment pour eux. C'est dans ces dispositions d'esprit qu'ils revinrent au logis, et se préparèrent un souper un peu mieux soigné que tous ceux qu'ils avaient pris depuis la découverte du daphné.

XLIV.

L'ÉCHELLE DE CORDE.

Il leur fallut toute une journée de travail pour préparer au moyen de leurs couteaux les chevilles de bois qui devaient former les degrés de leur échelle. Ils avaient calculé que le point du rocher où se trouvait la corde avait plus de cent mètres de haut, et par conséquent il ne leur fallut pas moins de cent cinquante échelons pour les placer régulièrement à deux pieds de distance les uns des autres.

Ils avaient d'abord eu l'intention de placer ces chevilles dans le tissu de leur corde ; mais la crainte d'en diminuer la solidité (ce qu'il fallait à tout prix éviter) les décida à procéder d'une autre manière. Ils trouvèrent plus prudent d'attacher les échelons à la corde avec des liens également de bonne qualité, ce qui, tout en demandant plus de temps, rendrait le travail d'autant plus solide. D'ailleurs, comme pour grimper il faut s'aider des deux mains, celle qui saisirait la corde diminuerait le poids que les échelons auraient à supporter ; et même en supposant que l'un d'eux vînt à glisser, il n'y avait pas à craindre que ce petit inconvénient amenât de bien fâcheuses conséquences.

Il fallut une autre journée pour fabriquer les ficelles, un peu fortes, qui devaient être employées, et ce ne fut que le matin du troisième jour qu'ils purent retourner au rocher pour transformer en échelle la corde de leur cerf-volant.

Ceci ne devait pas être bien difficile : il s'agissait simplement de poser les bâtons transversalement et de les attacher avec beaucoup de soin. Le premier devait être placé à la hauteur de la ceinture et le second au niveau du menton ; puis, les pieds appuyés sur le premier échelon, il fallait, en se tenant de la main gauche, attacher le troisième encore à la hauteur du menton, et ainsi de suite jusqu'à ce que l'on fût arrivé au faîte du précipice.

Il n'était pas possible d'accomplir un semblable travail en une seule fois ; aussi s'attendait-on à y être occupé plusieurs jours de suite, d'autant plus que celui qui l'exécuterait aurait grand besoin de longs intervalles de repos, après s'être tenu pendant un certain temps dans une position aussi incommode que fatigante. Mais tout avait été prévu, et ils n'entreprenaient cette tâche qu'après s'être bien rendu compte de ses difficultés.

Une fois arrivés, ils se mirent à l'œuvre sans retard. Il serait plus exact de dire que l'un d'eux se mit à l'œuvre, attendu qu'ils ne pouvaient s'employer tous à la fois à ce travail, le dernier, pensaient-ils, qu'ils auraient à accomplir dans cette vallée solitaire.

Il fallut céder à Ossaro l'honneur d'exécuter cet acte définitif qui devait concourir à la délivrance générale, parce que seul il connaissait suffisamment le maniement des cordages et qu'il était plus propre qu'aucun des autres à se maintenir dans une position aussi risquée.

Les deux frères durent se contenter du rôle de simples spectateurs; mais ils voulaient au moins par leur présence et leur conversation égayer le travail de leur fidèle associé.

Si l'on avait eu la chance que le cerf-volant se fût élevé dans le voisinage des échelles, on aurait pu les utiliser toutes, ce qui eût de beaucoup abrégé le travail; mais, comme par malheur il en fut autrement, on ne put se servir que de la première.

Muni de ficelles et d'une douzaine de chevilles qu'il avait réunies dans un pan de sa tunique, dont les bouts étaient rattachés à sa ceinture, le vieux chasseur escalada l'échelle d'un pied leste, et, une fois arrivé à son extrémité, commença à fixer les deux premiers barreaux.

Karl et Gaspard, assis non loin de là sur des quartiers de roc, et Fritz étendu tout de son long à terre, surveillaient chacun de ses mouvements avec un silencieux et profond intérêt.

Les susdits barreaux posés, notre homme quitta l'échelle, et, plaçant ses deux pieds sur le premier degré, de façon à se maintenir en parfait équilibre et à donner à la barre une position horizontale, procéda à la pose du troisième échelon.

Pour réussir, il fallait avoir une adresse peu commune, mais Ossaro était à cet égard merveilleusement doué. Il était sur cette échelle de corde aussi à l'aise et aussi ferme que l'eût été un des singes sacrés, objet de la vénération des sectateurs de Brahma. Tout autre pied que le sien se serait bientôt fatigué d'un support aussi étroit; mais pour lui, accoutumé dès l'enfance à monter au sommet des palmiers les plus hauts, ses orteils avaient acquis une dextérité telle, qu'il lui suffisait de la branche la plus mince, de la moindre protubérance du tronc, ou même encore d'un nœud dans une corde, pour lui permettre de se soutenir plusieurs minutes durant.

Il n'éprouva donc aucune difficulté à se maintenir sur les échelons déjà placés, et à passer de l'un à l'autre pour en assujettir de nouveaux, jusqu'à ce que sa provision fût épuisée. Alors, redescendant avec précaution, il regagna l'échelle et fut bientôt à terre.

Karl ou Gaspard aurait pu lui éviter la peine d'arriver jusqu'en bas et lui porter sa provision nouvelle; mais ils avaient une excellente raison pour ne pas le faire. Ils voulaient le voir se reposer. Cependant il ne resta pas longtemps auprès d'eux; muni d'un nouveau supplément de chevilles et de ficelles, il remonta lestement à son poste et n'en redescendit que lorsque ses matériaux furent épuisés pour la seconde fois.

Redescendu, il fit une courte pause, suivie d'une nouvelle ascension, et continua de la sorte jusqu'à l'heure du dîner, où il se permit un repos plus prolongé.

Les deux frères, n'ayant rien de mieux à faire, avaient préparé le repas avec un soin tout particulier. Pour cela, ils n'avaient pas eu besoin de se rendre à la hutte, où leur établissement culinaire n'était nullement supérieur à celui qu'ils pouvaient établir en plein air, et où le garde-manger ne contenait rien de plus que la venaison de bouquetin dont ils avaient apporté un morceau avec eux.

Mais, tandis qu'Ossaro travaillait de son côté, Karl n'était pas resté inactif; il avait été à la recherche de quelques fruits et de racines qui, une fois cuites sur la braise, furent non seulement un supplément à leur dîner, mais un vrai régal pour leurs estomacs depuis si longtemps déshabitués des douceurs de la bonne chère.

Après le repas, Ossaro s'accorda le plaisir de fumer longuement, non du tabac, on n'en possédait point, mais des cigarettes de chanvre, et, se sentant ensuite animé d'un nouveau courage, il reprit sa tâche avec un surcroît d'énergie.

Son ardeur fut telle, qu'au coucher du soleil il n'avait pas moins d'une cinquantaine d'échelons de placés; ce qui, avec la longueur de l'échelle, lui permettait d'atteindre au tiers environ de la hauteur du précipice.

La nuit seule mit un terme à son travail, et ce fut avec l'intention bien arrêtée de le continuer le lendemain qu'il reprit avec les jeunes sahibs le chemin de leur demeure.

Karl et Gaspard ne témoignaient pas moins de respect à Ossaro que s'il eût été un habile architecte et eux ses humbles subordonnés. Fritz lui-même semblait comprendre que son vieil ami était ce jour-là un très important personnage. Chaque fois qu'il le voyait redescendre à terre, il courait lui rendre ses devoirs, tournait autour de lui, aboyait joyeusement, et le regardait comme pour le remercier d'être leur libérateur.

En revenant à la maison, il continuait ses démonstrations amicales, sautait, bondissait autour de lui au point de l'empêcher parfois d'avancer. Bref, il semblait être convaincu, soit par ses observations personnelles, soit par la déférence de ses maîtres vis-à-vis du vieux chasseur, que celui-ci était bien réellement le héros de la journée.

XLV.

DESCENTE PRÉCIPITÉE.

Le lendemain, après un déjeuner matinal, les trois amis revinrent au pied du rocher : Ossaro, pour y continuer son œuvre de la veille ; les deux frères, pour y reprendre leur poste d'observation et lui tenir compagnie.

Ce jour-là, malheureusement, le temps était loin d'être favorable à l'opération. Le vent soufflait par rafales courtes, rapides, mais d'une violence extrême.

A chaque nouvelle bourrasque, la corde à laquelle Ossaro était suspendu se trouvait lancée à plusieurs pieds de distance et oscillait de droite et de gauche, en dépit des fortes amarres qui la retenaient aux deux extrémités.

C'était un affreux spectacle que celui de cet homme ainsi balancé dans les airs. Par moment le cœur des spectateurs se remplissait d'épouvante, dans la crainte que leur brave compagnon n'eût la cervelle brisée contre le rocher, ou bien qu'étant réduit à lâcher prise, son corps, précipité de cette hauteur, ne fût broyé en arrivant à terre.

Plusieurs fois dans la matinée leur alarme fut si grande, qu'ils lui crièrent de redescendre. Quand il était en bas, ils le suppliaient de ne pas remonter, mais d'attendre que la violence du vent se fût un peu calmée. Malgré leurs instances, ils ne purent rien obtenir. Le vieux chasseur, accoutumé toute sa vie à braver les éléments, n'éprouvait aucune crainte, et semblait, au contraire, affronter le danger avec un certain orgueil, si ce n'était avec un plaisir réel.

Même dans les moments où il oscillait comme le balancier d'une gigantesque horloge, on le voyait ajuster son échelon et l'attacher avec autant de calme que s'il avait été par terre.

Il continua ainsi son œuvre périlleuse jusque vers l'heure de midi, naturellement, comme la veille, avec des intervalles de repos, pendant lesquels les deux jeunes gens réitéraient leurs instances pour le décider à discontinuer son travail et à attendre un moment plus favorable.

Fritz, de son côté, en prodiguant ses caresses à l'intrépide grimpeur, le regardait d'un œil suppliant, comme pour l'engager à fuir le danger auquel il le voyait exposé.

Tout fut inutile. Ossaro, en résistant à leurs efforts pour le retenir, semblait se rire du péril qu'on redoutait pour lui, et sans hésitation il retourna à son poste, dans l'idée de reprendre sa tâche et de l'amener à bonne fin.

Sans aucun doute, il y serait arrivé si le temps lui en avait été laissé. Le vent lui-même ne serait point parvenu à le séparer de la corde à laquelle il se cramponnait comme l'araignée à son fil, lors même qu'il eût soufflé avec toute la violence d'un ouragan. Ce n'était nullement de là que devait venir le danger, mais d'un point tout à fait imprévu.

Il pouvait, disions-nous, être environ midi. Ossaro était parvenu à placer les échelons jusqu'à la moitié de la hauteur du rocher; il revenait de chercher un nouveau supplément de chevilles, et, quittant l'échelle de bois pour celle de corde, il commençait à gravir cette dernière, peut-être pour la vingtième fois, lorsque tout à coup un cri de terreur s'échappa de ses lèvres et vint glacer le cœur des deux frères, car ce cri avait à peine frappé leurs oreilles, qu'ils aperçurent le danger que courait Ossaro.

Il descendait le long du rocher, non de son propre mouvement, mais comme si le cerf-volant, dégagé de l'obstacle qui le retenait captif, recommençait à glisser sur la neige, entraîné par le poids du corps suspendu à la corde.

Cette descente parut s'accomplir si lentement d'abord, que, sans les cris de la victime et le relâchement de la corde, ceux qui étaient en bas ne se seraient point doutés de ce qui se passait. Mais ils n'eurent pas suivi le mouvement de descente pendant quelques secondes, qu'ils comprirent l'imminence du péril qui menaçait leur fidèle compagnon.

Sans doute, le cerf-volant, entraîné par le poids du corps d'Ossaro, serait attiré vers le bord du précipice; mais la résistance qu'il rencontrerait dans sa marche pourrait-elle contrebalancer ce poids, et la descente en serait-elle ralentie? Ou bien, ne rencontrant aucun obstacle, glisserait-il rapidement sur la surface neigeuse et augmenterait-il d'autant la vitesse de la chute, et le malheureux Ossaro, sans que rien puisse s'y opposer, se verrait-il précipité d'une hauteur de plus de trente pieds au fond de la vallée?

Karl et Gaspard eurent à peine le temps de se poser ces questions, encore moins celui d'aviser aux moyens à prendre pour atténuer les effets de cette épouvantable chute; avant qu'ils fussent revenus de leur surprise, ils constatèrent que la descente s'accélérait de moment en moment, tantôt d'une façon graduelle, tantôt par saccades, jusqu'à environ vingt pieds de terre.

Comme ils commençaient à espérer que si la descente continuait ainsi pendant quelques mètres encore, le danger serait conjuré, ils aperçurent tout à coup la tête du cerf-volant en dehors de la crête du précipice, et soudain, comme un grand oiseau qui déploie ses ailes, ils le virent prendre son vol à travers la vallée.

Ossaro, toujours cramponné à la corde, fut alors entraîné à distance du rocher; mais par bonheur pour lui, la pesanteur de son corps contrebalançait la résistance que l'atmosphère opposait à l'énorme surface du cerf-volant; sans quoi ce dernier le soulevait à sa suite dans les airs. Heureusement aussi le surpoids de l'Hindou était peu considérable, ou il aurait été précipité

Avant qu'ils fussent revenus de leur surprise, ils constatèrent que la descente s'accélérait de moment en moment.

violemment sur le sol. Tandis qu'il opéra tout doucement sa descente, il se retrouva enfin debout sur ses deux jambes, comme Mercure au sommet de l'Olympe.

Aussitôt qu'il sentit son pied toucher la terre, il se jeta vivement de côté et lâcha la corde, comme il eût abandonné un fer rouge.

Le cerf-volant, désormais sans contre-poids, erra quelques instants encore dans l'espace, descendant toujours de plus en plus, jusqu'à ce que, par un dernier effort de sa force défaillante, il fondit sur Ossaro comme un monstrueux oiseau de proie sur sa victime.

Ce fut tout ce que put faire l'Hindou de s'en garantir, par un mouvement plus prompt que l'éclair, sans lequel il recevait sur la tête un coup d'une extrême gravité.

XLVI.

FUITE DU CERF-VOLANT.

La joie que leur causa cette miraculeuse délivrance d'Ossaro empêcha les deux frères de trop se chagriner du retour du cerf-volant; d'autant plus qu'ils ne considéraient pas comme irréparable l'accident qui avait déterminé ce retour. Ils l'attribuaient à la violence du vent, et ne doutaient pas de réussir à le fixer d'une manière définitive dans un moment plus favorable.

Ils remirent donc à plus tard la tentative de le lancer de nouveau, parce que les rafales continuaient à souffler dans un sens opposé à la direction qu'ils désiraient lui voir prendre. Cette circonstance et la crainte que la pluie ne vînt à l'endommager les décidèrent à le remporter à la hutte avec sa corde et tout son attirail.

Près d'une semaine s'écoula dans l'attente d'une brise convenable; mais ce temps ne fut pas perdu pour nos amis. Ne sachant pas combien de temps ils seraient encore appelés à rester dans la vallée, ils consacraient les meilleures heures du jour à augmenter leurs provisions de bouche, afin de ne pas épuiser leur réserve de viande, dont il restait encore une quantité assez considérable.

Ils se sentaient maintenant si assurés de quitter ce lieu de réclusion, qu'ils voulaient ménager leurs dernières charges de poudre pour le moment où, en descendant de la montagne, ils pourraient faire quelque mauvaise rencontre d'animaux sauvages, dont il faudrait se débarrasser à tout prix.

L'arc et les flèches d'Ossaro, ainsi que son filet et ses lignes, suffisaient d'ailleurs pour entretenir l'abondance. Tantôt sa flèche meurtrière transperçait un paon au superbe plumage, un faisan argus, ou encore une des oies de Brahma qui fréquentaient les eaux du lac.

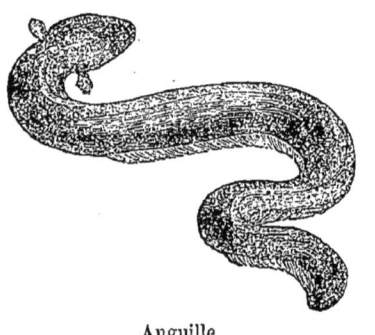

Anguille.

Le poisson abondait aussi, et la qualité en était excellente. Il y avait entre autres une espèce de grosse anguille, dont la quantité semblait inépuisable, de sorte que si toutes ressources étaient venues à manquer, il n'y aurait eu qu'à jeter la ligne amorcée d'un ver, pour retirer de l'eau presque instantanément une anguille de six pieds de long.

Satisfaits de cette assurance et ne désirant pas vivre uniquement de ce genre de poisson, nos amis les laissaient en paix et n'en abusaient pas.

Enfin, un vent favorable s'étant mis à souffler, la machine ailée fut de nouveau chargée sur les épaules et portée comme précédemment à proximité du rocher.

Là, comme la première fois, on la lança dans les airs ; elle prit son essor par-dessus le précipice, et, la corde de nouveau lâchée, elle alla tomber sur le versant neigeux de la montagne. Mais, hélas ! arrivé à ce point, le succès s'arrêta court et n'alla pas plus loin. Quand ils tirèrent la corde pour s'assurer si l'ancre avait mordu, ils eurent le regret de voir que non. Pied à pied, mètre à mètre, la corde revint à eux, pour ainsi dire, sans aucune résistance, jusqu'à ce qu'apparut sur le bord du rocher une ligne courbe trop bien connue.

De nouveau ils lancèrent le cerf-volant, lui donnèrent du large jusqu'à ce qu'il se fut élevé aussi haut que possible. Une fois de plus on l'abandonna à lui-même ; puis un moment après la corde fut encore retirée et revint graduellement sans obstacle, jusqu'à ce qu'un grand arc se dessina entre le roc et le ciel bleu, non comme l'écharpe d'Iris en signe d'espérance, mais bien plutôt en témoignage irrécusable d'insuccès.

Les expériences furent renouvelées nombre de fois, et avec elles se succédèrent les désappointements, tellement que la patience et les forces des opérateurs étaient sur le point de leur manquer.

Mais ce n'était pas comme simple délassement, ce n'était même pas non plus comme expérience scientifique qu'ils travaillaient à obtenir un résultat satisfaisant ; il y allait pour eux de la liberté, et l'on peut presque dire, de la vie ; c'est pourquoi, en dépit de tant d'insuccès et quoique à bout de patience et de force, ils renouvelaient toujours leurs efforts.

Plus de vingt fois déjà le voilier avait pris son essor, plus de vingt fois aussi il était revenu ; non pas, il est vrai, sur le même point du rocher, car à diverses reprises on avait changé de direction, essayant des places différentes ; mais quel que fût le point de départ, le résultat était toujours le même, le cerf-volant refusait constamment de prendre pied.

Il y aurait eu de quoi renoncer à l'entreprise et la juger impraticable, si la première expérience n'avait pas été couronnée de succès. C'était ce souvenir qui entretenait l'espoir chez nos amis, et les encourageait à persévérer dans leur œuvre.

Six fois encore ils revinrent à la charge sans que la fortune daignât seconder leurs efforts ; alors, lassés de tant d'essais inutiles, ils abandonnèrent le cerf-volant, dont la large envergure dépassait en plein le sommet du rocher.

Il était maintenant singulièrement endommagé : la lumière passait à travers en plusieurs endroits, et son vol n'avait plus cette allure majestueuse qui le distinguait au commencement. Il était évident qu'il avait besoin d'être réparé.

Dans le but de discuter cette question et de savoir

s'il convenait de le lancer encore une fois sur un autre point, nos amis s'interrompirent pendant quelques instants. Tous trois étaient à quelques pas à peine de l'endroit où la corde pendait immobile le long de la paroi du rocher; ils n'avaient point songé à l'assujettir, attendu qu'ils ne redoutaient aucun accident; malheureusement pour eux il était trop tard quand ils reconnurent leur erreur.

La corde quitta la terre subitement.

Au moment où ils y songeaient le moins, la corde quitta la terre subitement, comme si une main invisible la tirait dans le ciel. Tous trois se précipitèrent pour la retenir, mais, hélas! ils n'y furent plus à temps. L'extrémité de la corde se balançait déjà à une telle hauteur, que même le plus grand ne put l'atteindre du bout du doigt.

Ossaro fit un saut énorme pour la saisir, Gaspard courut chercher une perche pour l'arrêter au passage, Karl grimpa à l'échelle qui se trouvait à portée, mais tous leurs efforts furent vains.

Pendant une ou deux secondes la corde se dandina au-dessus de leurs têtes comme pour les narguer, puis de nouveau la main invisible lui imprima une nouvelle secousse, et elle remonta rapidement en ligne droite jusqu'au sommet du rocher, sur lequel elle disparut pour toujours.

XLVII.

PLUS DE DAPHNÉS.

Il n'y avait absolument rien de mystérieux dans cette disparition : le cerf-volant n'était plus visible à la place qu'il avait occupée, le vent l'avait tout simplement emporté au loin, et la corde avec lui.

Quand le premier moment de surprise fut passé, nos amis se lancèrent des regards où se peignait leur profond désappointement. Malgré les nombreux insuccès de la journée, ils restaient convaincus que le cerf-volant ayant pu se fixer solidement une première fois, il n'y avait aucune raison pour qu'il ne se fixât pas une seconde, surtout dans une partie de rocher moins élevée que celles qu'on avait précédemment essayées.

Et dire que cette perte soudaine qui leur enlevait de nouveau tout espoir de recouvrer la liberté, était due à un souffle de vent !

Mais le malheur n'était pas irréparable peut-être. Il suffisait de construire un autre cerf-volant. Ainsi le pensaient d'abord Gaspard et Ossaro.

A la vue des avaries qui avaient endommagé leur première machine, le jeune homme avait dit à son frère :

— Nous pourrons facilement en faire un autre.

— Non, répondit Karl, je crains fort que nous ne le puissions pas. Il nous reste assez de papier pour le raccommoder, mais non pour en couvrir un second.

— Eh bien ! nous fabriquerons d'autre papier.

— C'est ce qui te trompe, reprit le botaniste ; nous n'en referons plus, pas même une feuille.

— Pourquoi cela ? Penses-tu qu'il ne se trouve plus ici de daphnés ?

— Je le crains en effet. Tu te souviens que nous avons dépouillé tous ceux qui étaient dans le massif ; depuis lors, dans la prévision que nous pourrions en avoir encore besoin, j'ai parcouru toute la vallée sans en découvrir un seul. Je suis donc à peu près certain qu'il n'y en a plus du tout.

Cette conversation entre les deux frères avait eu lieu quelques moments avant la fuite du cerf-volant. Quand l'accident fut arrivé, ils ne revinrent plus sur cette question, elle était vidée : pour eux la perte était irréparable.

A moins pourtant que le cerf-volant n'eût pris une direction qui pût lui permettre de revenir dans la vallée, après avoir erré au-dessus du rocher. Avec l'idée que cette chance leur restait peut-être encore, ils s'éloignèrent du pied du précipice pour gagner un point plus central d'où ils pourraient avoir une vue d'ensemble. Pendant longtemps ils attendirent, espérant toujours voir le fugitif revenir de leur côté. Mais, hélas! il ne revint pas, et il fallut bien accepter la pensée qu'il était à jamais perdu.

D'ailleurs, la direction du vent rendait le retour impossible, puisqu'au lieu de souffler de la montagne dans la vallée, il soufflait dans le sens opposé, et avait dû conduire le cerf-volant dans quelque étroit défilé d'où, une fois rentré, il ne pouvait plus sortir.

— Faut-il avoir peu de chance! s'écria Gaspard d'un ton vexé. Quelle mauvaise étoile est la nôtre!

— Non, frère, reprit Karl, nous n'avons le droit de nous en prendre ni à notre étoile, ni à la fortune. Ce qui vient de nous arriver, je le reconnais, est un grand malheur, mais un malheur que nous nous sommes seuls attiré, et dont nous n'avons à blâmer que nous-mêmes. Par négligence, par pure négligence, nous venons de perdre avec le cerf-volant notre dernière espérance de recouvrer jamais la liberté.

— Il n'est que trop vrai que c'est notre faute, reprit Gaspard d'un ton chagrin, mais résigné; et maintenant il nous faut en subir les conséquences. Mais es-tu sûr, frère, ajouta-t-il après une pause, qu'il n'y ait plus aucun arbre dont on puisse tirer du papier?

— Naturellement, répondit Karl, je ne saurais l'affirmer d'une manière absolue. Mais il nous sera facile de nous éclairer sur ce point par une exploration plus complète de la vallée. Peut-être pourrons-nous découvrir un autre arbre qui remplirait le même but. Il existe une variété de bouleau particulière à l'Himalaya, qui se trouve également dans le Népaul et dans le Thibet. Son écorce se compose de grandes plaques ou couches superposées les unes sur les autres au nombre de huit ou dix, chacune presque aussi mince que du papier ordinaire, et qui peuvent être dans certains cas employées aux mêmes usages.

— Penses-tu qu'on pourrait s'en servir pour un cerf-volant? demanda vivement Gaspard, sans permettre à son frère d'achever son explication.

— Certainement, et je les préférerais même au papier, si nous devions en trouver ici. Mais je crains que ce ne soit pas possible. Jusqu'à présent je n'ai aperçu aucune espèce de bouleau dans la vallée, et celui dont je parle se trouve ordinairement dans des régions plus froides que celle-ci. Probablement il croît sur les montagnes environnantes, ce qui ne nous avance pas beaucoup. Si nous pouvions l'atteindre, nous n'aurions pas besoin de le dépouiller de son écorce. Mais ne désespérons pas, ajouta-t-il d'un ton enjoué, peut-être en découvrirons-nous quelques-uns, ou bien pourrons-nous retrouver un autre bosquet de daphnés. En tout cas, mettons-nous en route pour nous en assurer.

Karl était loin de croire à la réussite de l'exploration qu'il proposait, et bien lui en prit; car, après trois jours des plus minutieuses recherches, il ne put découvrir ni daphné, ni bouleau d'aucune espèce.

L'idée de cerf-volant fut alors abandonnée, et l'on ne s'en occupa plus.

XLVIII.

AÉROSTAT.

Il est presque impossible de parler de cerf-volant sans que la pensée se reporte sur une autre invention bien autrement utile : celle des aérostats ou ballons.

On se demande comment nos jeunes gens n'y ont pas songé et n'ont pas essayé de préférence d'en fabriquer un, qui les eût, mieux que toute autre chose, aidés à sortir de leur étrange prison. Mais tous deux y avaient songé, même longtemps avant le dernier mécompte qu'ils venaient d'essuyer. Gaspard, après avoir tourné la question en tous sens, en était venu à conclure qu'ils ne pourraient pas construire un ballon, et Karl était arrivé à la même conclusion, avec cette différence que pour lui l'impossibilité ressortait uniquement du manque de matériaux. S'il avait eu sous la main la substance nécessaire pour en former l'enveloppe, il se fût senti de force à fabriquer un ballon bien rudimentaire sans doute, mais suffisant pour répondre au besoin qu'on en avait.

Tout le temps consacré à la préparation du cerf-volant (sur lequel, à vrai dire, il n'avait jamais beaucoup compté), il avait cherché à se remémorer tout ce qu'il avait lu sur les aérostats, et passé en revue les divers objets à sa portée pour en découvrir un de nature à lui fournir une enveloppe convenable. Malheureusement rien ne lui parut réunir les qualités essentielles de légèreté et de solidité.

Un ballon de papier, en supposant qu'on eût une quantité suffisante de cette matière, ne pourrait résister à la pression atmosphérique qui s'exercerait extérieurement sur lui. Cet inconvénient disparaîtrait en employant des peaux d'animaux; mais celles-ci, trop épaisses, seraient par conséquent trop lourdes. Restait la toile gommée. Autre éventualité : pourraient-ils fabriquer un tissu assez fin, en supposant même un long apprentissage de tisserand? La question paraissait fort douteuse? L'idée d'un ballon fut donc abandonnée comme impraticable.

Mais maintenant que tout autre espoir leur manquait, ils revinrent naturellement à causer de ce sujet.

— S'il ne fallait que des cordes, dit Gaspard, nous en aurions en quantité suffisante. Mais elles ne seraient d'aucune utilité sans la poche du ballon. On la fait en soie, si je ne me trompe?

— Oui, la soie est employée de préférence.

— Et pourquoi?

— Parce que mieux que tout autre tissu, elle réunit les trois qualités requises : légèreté, force et imperméabilité.

— On peut cependant employer autre chose?

— Oh! certainement. On fait jusqu'à des ballons en papier, qui peuvent enlever un chat ou même un petit chien. Il y a des gens assez cruels pour faire partir ainsi de malheureux animaux, qu'ils lancent dans l'espace sans s'inquiéter de ce qu'ils deviendront.

— C'est en effet très cruel, dit Gaspard, qui, tout chasseur qu'il était, n'avait cependant pas une rude nature. De tels gens mériteraient de partir, eux aussi, en ballons de papier.

— Oui, mais ces ballons ne pourraient les porter, malheureusement pour nous. Car, en supposant que nous eussions encore de l'écorce de daphné pour en fabriquer un, il nous serait parfaitement inutile. Il nous en faudrait un fait avec une matière plus forte et qui offrît plus de résistance.

— Eh bien! voyons, frère, cherchons un peu.

— Ah! mon ami, à quoi bon! J'y ai songé jour et nuit sans pouvoir rien découvrir. Rien absolument dans cette vallée ne répond à ce dont nous avons besoin.

— La toile ne pourrait-elle pas faire notre affaire?

— Non, ce serait trop gros et trop lourd.

— On parviendrait peut-être à la faire assez fine et assez légère, en n'employant que du chanvre de premier choix, filé avec le plus grand soin. Car en ceci Ossaro pourrait passer pour l'émule d'Omphale, et je suis certain qu'avec sa quenouille il aurait vaincu Hercule lui-même.

— Vraiment, frère, tu es tout à fait classique ce matin, s'écria le botaniste surpris. D'où te viennent, je te le demande, ces connaissances, à toi qui n'as jamais mis les pieds dans une université?

— Tu oublies, Karl, que toi-même tu m'as initié aux classiques, comme tu les appelles; bien que je doive avouer qu'à part l'agrément de pouvoir de temps à autre en orner un peu mes discours, je n'ai pas encore reconnu à quoi cela peut m'être utile, et ne le découvrirai probablement jamais.

— Ce n'est certainement pas moi qui, dans les circonstances présentes, viendrai te faire l'apologie des classiques, répondit le botaniste. Je me félicite même, pour ce que je t'en ai fait connaître, de n'avoir employé que nos heures de loisir, en guise de délassement; sans quoi je croirais bien aujourd'hui avoir perdu et ton temps et le mien. Tu sais d'ailleurs mon opinion à cet égard. La connaissance des classiques est insuffisante pour préparer l'homme à la vie pratique. A quoi me sert actuellement tout le temps que j'ai consacré à l'étude des langues mortes? Tout ce que j'ai appris ne saurait me fournir le moyen de nous élever d'un pied au-dessus du sol. Ma connaissance de Jupiter et de Junon ne me servira pas plus à nous tirer de peine que mes relations avec Mercure ne me doteront d'une bonne paire d'ailes pour franchir ce rocher. Ainsi trêve aux idées classiques, et voyons ce que la science pourra de son côté faire pour nous. Tu ne manques pas d'imagination, Gaspard, découvre-moi donc quelque chose dont on puisse tirer la poche ou l'enveloppe d'un ballon.

— Mais si tu en avais l'étoffe, serais-tu capable d'en faire un? demanda le jeune homme, comme s'il doutait que toute autre personne qu'un habile aéronaute fût en état de construire une machine aussi merveilleuse.

— Ce n'est pas si malin! reprit Karl; un ballon est aussi aisé à faire qu'une bulle de savon. Toute la difficulté consiste à le proportionner au poids qu'il doit porter, augmenté du sien propre.

— Mais comment le gonfler?

— En introduisant de l'air chaud par l'ouverture inférieure.

— Cet air doit se refroidir à la longue?

— Oui, sans doute, et c'est alors que le ballon redescend. Tu sais bien que l'air chaud, plus léger que l'air atmosphérique, s'élève toujours dans les couches supérieures, et que c'est à cette propriété qu'est due la force ascensionnelle du ballon. Celui-ci s'élève jusqu'à ce qu'il ait atteint des hauteurs où l'air atmosphérique raréfié est aussi léger que lui-même. Alors il ne peut plus monter, et son poids le force à redescendre. Je pourrais te le démontrer au moyen d'une vessie pleine d'air plongée dans l'eau, ou encore....

— Non, non, c'est inutile, je comprends parfaitement, interrompit Gaspard, un peu vexé d'être traité en vrai écolier. Mais il me semble que pour entretenir la chaleur de cet air intérieur, il est nécessaire d'avoir du feu dans un réchaud suspendu sous le ballon. Or, alors même que nous aurions une enveloppe de soie, comment pourrions-nous, sans fer, nous procurer un réchaud?

— Ce réchaud n'est pas absolument nécessaire, il n'est utile que dans les hautes ascensions, ou quand on désire rester longtemps dans les airs. Pour nous il ne serait pas indispensable ; le calorique du ballon suffirait pour nous porter à la hauteur où nous voulons atteindre. Du reste, si nous en avions besoin, je te crois l'esprit assez inventif pour surmonter facilement une difficulté de cette nature.

Ascension d'un ballon à gaz hydrogène.

— Eh bien ! pour ma part, je ne suis pas du même avis. Comment t'y prendrais-tu, toi ?

— Je ferais tout bonnement un panier en osier, que je cloisonnerais avec de l'argile. Une fois sec, ce vaisseau de terre remplirait parfaitement l'office d'un réchaud de fer ou de tout autre métal, surtout pour une aussi courte ascension que la nôtre.

De nos jours, on ne se sert plus de feu pour gonfler les ballons; on emploie de préférence le gaz hydrogène. Mais comme nous n'avons pas le moyen de nous en procurer, nous devrons faire usage de la méthode originairement employée par les frères Montgolfier, qui furent les premiers inventeurs des aérostats.

— Alors tu penses qu'il ne nous manque que la matière pour faire l'enveloppe qui doit contenir le calorique.

— Certainement, reprit Karl. Découvre-moi quelque chose, et je te promets de te faire un ballon.

Dans le but de répondre à cet appel, le jeune homme mit aussitôt en jeu toutes ses facultés. Pendant longtemps il resta enseveli dans de profondes combinaisons. Probablement il n'y eut pas dans la vallée un seul objet qui ne passât devant la rétine de sa vision mentale. Tous furent considérés tour à tour.

— Ce doit être léger, imperméable et fort, dit-il enfin comme s'il se présentait à sa pensée un objet réunissant ces trois qualités.

— Oui, léger, imperméable et fort.

— Je suis certain des deux dernières qualités, la première seulement me laisse dans le doute.

— Qu'est-ce donc? demanda Karl de manière à trahir le profond intérêt que lui inspiraient les paroles de son frère.

— De la peau d'anguille, répondit laconiquement ce dernier.

XLIX.

LE BALLON.

— Oui, de la peau d'anguille, répéta Gaspard, en voyant son frère hésiter à prononcer une opinion. Crois-tu que cela ne pourrait pas faire notre affaire ?

Karl avait sur le bout de la langue : « Au contraire, c'est juste ce qu'il nous faut. » Mais quelque chose le retint.

— Peut-être bien, c'est possible, dit-il, comme s'il débattait la question en lui-même. Et cependant je crains....

— Que crains-tu ? demanda vivement Gaspard, que ce ne soit pas assez fort ?

— C'est assez fort, dit Karl, ce n'est pas cela.

— L'air ne peut passer à travers.

— Non certainement.

— Ce sont les coutures peut-être ? On les coudra aussi

proprement que possible, et nous les gommerons. Ossaro peut coudre aussi solidement qu'un cordonnier, j'en réponds.

Karl n'en doutait pas et n'avait aucune crainte à cet égard.

— C'est le poids qui te tourmente alors ?

— Précisément, je crains qu'elles ne soient trop lourdes. Apportez-nous-en une, Ossaro, nous nous en assurerons tout de suite.

L'Hindou se leva pour se rendre à la hutte et ne tarda pas à revenir avec un long objet ratatiné, que chacun put reconnaître pour une peau d'anguille. Il y en avait bon nombre d'autres à l'intérieur ; car ils avaient eu le soin de les mettre de côté, comme s'ils eussent pressenti qu'un jour elles pourraient leur être utiles.

Karl la prit et la tint sur la paume de sa main, afin de se rendre compte de son poids. Gaspard ne le quittait pas des yeux, impatient de connaître son opinion. Mais il ne l'exprima que par un mouvement de tête, qui semblait plutôt être défavorable.

— On pourrait, je crois, la rendre plus légère en la raclant, dit le jeune homme ; puis, en la faisant bouillir, ça l'allègerait encore, en la débarrassant de toutes les matières grasses et huileuses qu'elle contient.

— Il y a du vrai dans ce que tu dis, répliqua son frère, évidemment frappé de la dernière suggestion. Nous pouvons en essayer tout de suite.

En parlant ainsi, il se dirigea vers la source et y plongea la peau, qu'il laissa environ une demi-heure. Au bout de ce temps, il la retira, puis, après l'avoir bien ratissée avec son couteau, il l'étendit sur une pierre où le soleil devait la sécher complètement.

Ils attendaient avec trop d'impatience le résultat de cet essai pour pouvoir s'occuper d'autre chose dans l'intervalle. Quand la peau fut sèche, Karl la soupesa de nouveau, et la trouva infiniment plus légère. Son expression, douteuse encore, avait cependant quelque chose de plus encourageant.

— Cela pourra peut-être aller, dit-il enfin. En tout cas, il ne nous en coûte rien d'essayer.

Chacun se hâta d'acquiescer à cette détermination; et, comme rien ne s'opposait à ce qu'ils commençassent tout de suite, ils se mirent immédiatement à l'œuvre.

Les peaux d'anguilles qu'ils avaient sous la main, tout en étant assez nombreuses, étaient loin de suffire à la quantité dont ils allaient avoir besoin. Karl calcula approximativement la quantité qu'il en fallait. Il voulait un ballon de douze pieds de diamètre, sachant qu'un de moindre dimension ne serait pas de force à enlever un homme.

Après avoir évalué la surface de sa sphère, il trouva qu'elle aurait quatre cent cinquante-deux pieds carrés, plus une fraction, et qu'il faudrait un nombre au moins égal de peaux d'anguilles. Prises l'une dans l'autre, celles-ci pouvaient avoir un mètre de long sur dix à onze centimètres de large, et couvrir un pied carré de superficie chacune (la tête et la queue retranchées, bien entendu). Il était donc nécessaire d'en avoir environ cinq cents, à cause des déchets et des accidents qui pouvaient survenir.

La ligne et le filet d'Ossaro furent donc mis en réquisition ; de plus, un autre travail lui fut également assigné. Dans les intervalles de repos que lui laissait la pêche, il devait filer le fil avec lequel les peaux allaient être cousues. Cette opération demandait beaucoup de soin, car il fallait absolument obtenir un produit qui joignît la finesse à la force. Mais, comme le disait Gaspard, l'Hindou était passé maître dans l'art de la quenouille ; aussi ses doigts agiles eurent bientôt préparé plusieurs grands écheveaux d'un fil excellent.

Quand on jugea qu'il y en avait une quantité suffisante, il eut à fabriquer les cordes dont on aurait besoin pour suspendre la nacelle au ballon, puis les câbles pour maintenir ce dernier en place, pendant qu'on le préparerait pour l'ascension.

De son côté, Gaspard fut chargé d'abord de dépouiller les anguilles, puis de faire bouillir et de racler les peaux, enfin de les faire sécher ; tandis que Karl, en sa qualité d'ingénieur en chef, avait non seulement la direction générale du travail, mais encore mettait la dernière main à la préparation, puis taillait et découpait les pièces pour qu'elles pussent être facilement ajustées et cousues.

Il avait fait une tournée dans la forêt et en avait rapporté une grande quantité de gomme, qu'il avait extraite d'une sorte de caoutchouc appartenant au genre des *ficus* dont plusieurs espèces croissent dans les régions inférieures de l'Himalaya. Il avait été à la recherche de cette gomme pour en enduire les coutures et rendre chacune d'elles imperméable à l'air.

Une semaine s'était écoulée pendant ces préparatifs ; quand ils furent terminés, Ossaro s'occupa de l'assemblage des diverses pièces. Heureusement, des aiguilles avaient trouvé place dans le bagage de nos explorateurs, lorsqu'ils étaient partis pour leur expédition.

Mais comme les deux frères n'avaient aucune expérience du maniement de ces instruments délicats, trop acérés pour des mains inhabiles, tout le travail de couture fut encore dévolu à l'Hindou. Il s'en acquitta d'une manière très satisfaisante dans l'espace d'une huitaine de jours.

Au bout de ce temps, l'immense sac fut prêt à recevoir l'enduit gommeux ; ceci demanda encore une journée ; mais il n'en fallut plus qu'une dernière pour fixer la nacelle, dans laquelle devait s'accomplir cette course hardie vers les champs azurés du ciel.

L.

PRÉPARATIFS.

Karl était le seul qui eût quelque notion de la manière de lancer un ballon ; aussi se chargea-t-il tout spécialement de cette opération délicate et définitive. Toute réflexion faite, la durée de l'ascension devait être si courte, que l'air chaud contenu dans l'enveloppe gommée lui parut être suffisant pour l'accomplir, sans nécessiter l'emploi d'un réchaud. Il se dispensa donc de cet appendice et ne se préoccupa que de la nacelle. L'usage de celle-ci devant être également tout à fait momentané, on décida qu'au lieu de la faire en osier, on emploierait une simple toile à voile grossière mais solide, qui serait retenue par de bonnes cordes au bas du ballon.

L'immense enveloppe n'avait encore ni haut ni bas, lorsqu'on y pratiqua une ouverture maintenue par un cercle en canne de bambou, autour duquel la peau fut soigneusement fixée. C'est aussi à ce cercle que devaient être attachés les cordes de la nacelle et les câbles destinés à retenir le ballon captif pendant le gonflement.

Et maintenant comment ce dernier résultat allait-il être obtenu? Au moyen du feu évidemment, mais de quelle manière? C'est ce que Karl voulut bien expliquer à ses aides au moment d'accomplir cette opération décisive.

L'enveloppe une fois maintenue dans la position verticale par deux grands pieux plantés en terre, on allumerait au-dessous de son ouverture un feu dont la chaleur pénétrerait à l'intérieur et lui ferait prendre par la dilatation la forme arrondie des ballons. Puis, à mesure que cette chaleur augmenterait, elle chasserait graduellement l'air froid jusqu'au point où, l'ayant totalement expulsé, le ballon deviendrait plus léger que l'air atmosphérique, et, en raison de la pression exercée sur lui par ce dernier, tendrait toujours plus à s'élever. C'est du moins ce qu'on était en droit d'attendre et ce qu'on obtient généralement dans les circonstances ordinaires.

Mais ici notre opérateur avait à redouter deux graves difficultés. Quelque peine qu'ils eussent prise pour l'amincir, la peau d'anguille était encore beaucoup plus lourde que la soie, et cette cause pouvait leur faire perdre le fruit de tous leurs efforts. D'autre part, une considération locale pouvait également anéantir leurs espérances.

Ils étaient à une altitude de dix mille pieds (trois kilomètres) au-dessus du niveau de l'Océan, hauteur où l'atmosphère est déjà très raréfiée ; et Karl n'ignorait pas qu'un ballon qui peut facilement s'élever à plusieurs milliers de pieds en partant d'une plaine ne peut pas prendre son essor du sommet d'une montagne, précisément à cause de la raréfaction de l'air qui neutralise sa force ascensionnelle. Ces deux difficultés pesaient trop lourdement sur l'esprit du jeune ingénieur pour lui permettre d'entretenir de bien vives espérances.

Cependant, comme il ne connaissait pas d'une manière suffisante les lois qui régissent l'aérostation, il n'avait pas cru devoir dès le début renoncer à tenter l'expérience.

Tel était l'état des choses le matin du jour où ils résolurent de lancer dans l'espace leur navire aérien, pour s'assurer s'il serait ou non en état de prendre le large.

De très bonne heure tout était prêt : la nacelle attachée ; le ballon soulevé par des supports, et maintenu par des cordes solidement fixées à terre au moyen de morceaux de bois ; tandis qu'un petit fourneau en pierres avait été bâti au-dessous de l'orifice du sac pour y faire pénétrer la chaleur qui devait le dilater.

Le combustible était entassé tout auprès. Ce combustible ne se composait ni de bois, ni de fagots d'aucune sorte, bien qu'à la rigueur cela eût pu servir ; mais Karl aimait mieux suivre la méthode des frères Montgolfier et des premiers aéronautes, qui, avant l'introduction du gaz hydrogène, employaient de préférence à toute autre substance la laine et la paille hachée. Karl, n'ayant point de paille, l'avait remplacée par des herbes sèches, et à la laine de mouton, qui lui manquait aussi, il avait substitué la dépouille des bouquetins, en d'autres termes la précieuse laine de cachemire.

La nacelle n'avait que trois pieds de diamètre. Elle n'eût certainement pas suffi pour contenir trois personnes et un chien de grande taille, car il va sans dire que pour rien au monde on n'aurait laissé Fritz en arrière. Le fidèle animal avait trop longtemps partagé la fortune et les aventures de ses maîtres pour être abandonné sans une étrange cruauté. Mais il n'y avait rien à craindre à cet égard; si la nacelle était petite, c'est qu'elle ne devait transporter qu'un seul individu.

Karl était persuadé que leurs poids réunis excéderaient de beaucoup la force du ballon. Mais s'il avait eu la certitude que l'un des trois pût atteindre le sommet du rocher, il se serait estimé très heureux et n'en eût pas demandé davantage à l'aérostat, qu'il eût laissé libre ensuite de continuer son voyage à sa guise, soit en se dirigeant au sud, vers Calcutta, ou à l'est, du côté d'Hong-Kong, si la Chine lui plaisait mieux.

Naturellement, si l'un d'eux parvenait au-dessus du rempart, il lui serait facile de franchir la montagne et de se rendre dans un des villages, puis de revenir deux ou trois jours après avec un renfort d'hommes et avec des échelles de cordes, pour délivrer ses compagnons.

Et même s'il devait renoncer à l'espoir d'obtenir du secours, il pourrait, une fois en haut, fabriquer une de ces échelles, au moyen de laquelle les deux autres accompliraient à leur tour leur ascension.

Il est à peine utile de dire que c'était Ossaro qui devait tenter l'aventure. Il s'était volontairement offert pour cette périlleuse expédition, et son offre avait été acceptée : non parce que les autres auraient craint plus que lui les chances de cette expédition aérienne, mais simplement parce qu'une fois hors de la vallée, il serait plus capable de trouver son chemin vers le bas de la montagne, et qu'il pourrait mieux que personne communiquer dans l'idiome du pays avec les villageois, et leur faire un récit exact de la situation.

Expérience des frères Montgolfier.

LI.

RÉSULTAT FINAL.

L'heure décisive était enfin venue de commencer l'expérience et de juger du plus ou moins de valeur de cet équipage aérien.

Tous trois étaient réunis près de l'orifice, au-dessous duquel l'herbe sèche et la laine légèrement entassées n'attendaient plus que l'étincelle qui devait les mettre en combustion.

Karl avait en main une torche allumée; Gaspard retenait le câble pour maintenir le ballon en place et l'empêcher de s'élever trop rapidement; Ossaro, tout équipé pour son voyage, se tenait à côté de la nacelle, prêt à y prendre place.

Mais il était écrit au livre du destin que jamais il n'y devait monter.

La torche avait enflammé le léger combustible, qui brûlait, fumait et se consumait à plaisir ; on l'entretenait avec soin, et la colonne d'air chaud, pénétrant dans la vaste sphère, la dilatait de plus en plus.

Tous trois étaient réunis près de l'orifice.

Bientôt on vit le ballon, semblable à un monstrueux animal en détresse, s'agiter de côté et d'autre, s'élever insensiblement et retomber un instant après, pour s'élever de nouveau et retomber encore ; continuant sans cesser ce balancement ascensionnel auquel il semblait se complaire, mais sans jamais pouvoir soulever la nacelle même jusqu'au niveau de la tête des assistants.

Karl entretenait toujours le feu, dont la chaleur était plus que suffisante pour faire monter un aérostat ordinaire à plusieurs kilomètres de hauteur. Mais celui-ci avait contre lui d'une part son poids, de l'autre son point de départ, qui, nous l'avons dit, était à une altitude fort élevée.

Etant donné ces deux circonstances défavorables, le ballon, en dépit de tous les efforts, ne put pas arriver à plus de six pieds du sol : il n'avait donc pas la force de soulever un chat, encore moins un homme.

Bref, l'insuccès était aussi complet que possible, et, bien que prévu, redouté même, dès le commencement par le botaniste, nos amis n'en éprouvèrent pas moins un amer désappointement.

Pendant plus d'une heure encore ils travaillèrent à alimenter la flamme, y employant des fagots de branches de pin résineux, dans l'espoir qu'une augmentation de calorique déterminerait enfin l'impulsion ascensionnelle ; mais rien ne fit ; le résultat fut inappréciable. Le ballon se balançait toujours de la même manière et s'obstinait à ne pas prendre son essor.

Enfin, désespérant de réussir et à bout de patience, notre ingénieur se détourna d'une machine qu'il avait pris tant de peine à construire et qui l'en récompensait si mal. Un moment il parut irrésolu, puis, avec un profond soupir, il s'éloigna à pas lents et disparut. Gaspard ne tarda pas à le suivre, en partageant son chagrin ; mais Ossaro prit congé du monstrueux appareil d'une façon toute différente.

Il s'en approcha, le contempla d'abord quelques moments en silence, comme s'il réfléchissait à l'énorme quantité de travail qu'il lui avait coûté, puis, dans sa langue natale, lui dit adieu en ces termes :

— Bon à rien, sur terre, sur mer ou dans l'air, tiens, reçois ce que tu mérites !

Ce disant, il lança en plein flanc du ballon un coup de sandale si violemment appliqué, qu'il y fit un gros trou ; alors, se détournant avec mépris de la machine mutilée, il l'abandonna à son malheureux sort.

A peine nos amis avaient-ils quitté la place depuis quelques moments, que le ballon s'affaissa peu à peu et tomba finalement sur la braise allumée, où il ne tarda pas à prendre feu. Bientôt les flammes coururent le long de cette matière huileuse et l'enlacèrent comme de gigantesques serpents ; en moins de rien la nacelle, les peaux, les cordages, ne formaient plus qu'une masse incandescente. Ce fut le dernier spectacle qui

Bon à rien, tiens, reçois ce que tu mérites !

s'offrit aux regards de nos ci-devant aéronautes, lorsqu'ils le contemplèrent de la porte de leur demeure.

Si un tel accident était arrivé deux heures plus tôt, ils l'auraient considéré comme la plus triste des calamités. Maintenant ils l'envisageaient avec une indifférence aussi complète que celle de Néron assistant à l'incendie de la ville aux sept collines.

LII.

NOUVEL ACCÈS DE DÉCOURAGEMENT.

Jamais, depuis leur captivité dans cette triste vallée, nos pauvres amis ne s'étaient sentis aussi désespérés que dans la soirée de ce jour néfaste. Avec le ballon avait disparu le dernier élan de leur imagination, comme les derniers efforts de leur industrie. Ils se sentaient désormais incapables de rien inventer et de rien fabriquer de nouveau. Leurs esprits abattus presque dans la poussière cédaient enfin au désespoir : non à ce désespoir affreux qui s'empare de ceux que menace une mort prochaine et inévitable, mais à une sorte de prostration morale, de paralysie de toutes les sources de l'espérance ; état qui, pour être moins violent, n'en est pas moins amer.

Ils savaient que dans cette vallée leur vie pouvait se prolonger aussi longtemps que partout ailleurs ; mais à quoi bon la plus longue vie, si elle doit s'écouler loin de tout ce qu'on aime et du monde entier? Car maintenant ils se sentaient plus que jamais séparés du reste de l'univers.

Aucun d'eux ne possédait la moindre parcelle de l'étoffe dont se font les anachorètes, et tous auraient frissonné à la seule idée de devenir l'émule d'un Simon Stylite.

Peut-être pense-t-on qu'avec ses livres et l'étude de la nature, Karl était moins à plaindre que ses compagnons. Il est vrai qu'il pouvait y trouver une source d'intérêt qui manquait aux deux autres ; cependant il était à craindre dans les circonstances actuelles que ces utiles et puissantes distractions ne manquassent leur but. Il est plus probable que l'homme qui se sait seul au monde et qui pense y être toujours seul, se souciera bien peu des livres humains, et se fatiguera même de celui de la nature.

Quant à Gaspard, la pensée que cette existence solitaire pouvait n'avoir de terme que celui de sa vie, suffisait par moment à glacer le sang dans ses veines.

Ossaro, de son côté, ressentait ce coup tout aussi douloureusement que ses compagnons d'infortune ; car il soupirait après sa case de bambou dans les chaudes plaines de l'Inde, tout autant que les jeunes sahibs après le foyer paternel sur le sol natal de Bavière.

Leur situation, il est vrai, était moins désolante que s'ils eussent été absolument seuls. Plus d'un pauvre naufragé sur une île déserte s'était vu condamné à un sort beaucoup plus affreux que le leur. Ils le savaient et le reconnaissaient. Mais alors ils songeaient à l'avenir plus ou moins prochain, où l'un après l'autre quitterait la vallée sans le secours d'échelles ni de ballon, laissant le dernier des trois tout aussi seul et tout aussi désespéré.

Ce fut dans ces tristes dispositions que s'écoulèrent cette première journée et celle qui la suivit. Ils n'avaient plus conscience du temps; à peine songeaient-ils à prendre quelque nourriture; leur énergie et cet esprit d'entreprise qui jusque-là les avait soutenus semblaient les avoir abandonnés pour toujours.

Cependant cet état de choses ne pouvait durer longtemps. Comme nous l'avons déjà dit, toute âme d'homme possède un principe de résurrection, qui lui permet de se relever du coup le plus douloureux. Les cœurs brisés sont plus rares qu'on ne pense et quelquefois plus apparents que réels. Les êtres les plus déshérités ont leurs moments de calme et de retour à la vie. L'esclave dans ses chaînes, le prisonnier dans son cachot, le naufragé dans son île déserte, ont leurs heures de trêve et de répit, leurs élans d'espérance et de joie, tout aussi bien que le roi sur son trône et le conquérant sur son char de triomphe. Sur la terre il n'est pas de bonheur sans mélange ; mais il n'est pas non plus de douleur morale que le temps ne puisse adoucir.

Le surlendemain de cette dernière et cruelle déception, l'esprit de nos trois amis retrouva un peu d'élasticité. Les besoins que nous impose la nature commencèrent à réclamer leurs droits, droits impérieux que nous sommes forcés de satisfaire, que nous y soyons ou non disposés.

Karl fut le premier à reconnaître que, puisqu'il fallait passer sa vie dans cette solitude, autant valait, plutôt que de céder à un stérile découragement, mener une vie active, aussi bonne que possible, en se procurant tout ce qui pourrait satisfaire leurs besoins physiques. Cela ne leur procurerait pas le bonheur sans doute, mais vaudrait mieux pourtant que de rester en proie à la torpeur du désespoir. Et remarquant que Gaspard était tombé dans un état de sombre abattement tout à fait contraire à sa nature, et qu'Ossaro lui-même manquait de stimulant, notre ami comprit qu'il devait faire tous ses efforts pour ranimer leurs esprits abattus.

Tout d'abord il eut peu de succès, mais peu à peu le

besoin d'action, de mouvement, se fit sentir chez tous, et ils reprirent leurs occupations habituelles. Sous peine de mourir de faim, il fallut songer au garde-manger et se mettre en quête de le fournir de nouveau.

Gaspard retourna à la chasse, Ossaro se réserva la pêche, comme le plus expérimenté des trois dans l'art de manier le hameçon, la ligne et les filets, et le botaniste reprit l'exploration de la vallée, pour en étudier toutes les graines, les racines et les plantes qui pourraient être utiles à l'alimentation. Il ne négligea pas non plus les plantes médicinales, qui pourraient leur servir en cas de maladie; il en avait déjà remarqué un certain nombre dont il avait pris bonne note.

Heureusement aucun d'eux n'avait eu jusque-là à recourir aux ressources pharmaceutiques que renfermait la vallée, et il fallait espérer que de longtemps encore ils n'en sentiraient le besoin; malgré cela, le botaniste recueillit une certaine quantité de ces plantes, et leur fit subir les préparations nécessaires pour les conserver et les avoir en réserve dans la hutte.

Parmi les végétaux propres à l'alimentation, les plus importants qu'il rencontra furent d'abord le *pinus gerardiana*, ou pin comestible, dont les cônes, aussi gros que des artichauts, renferment des amandes qui ressemblent à la pistache; puis l'*amaranthus cruentus* ou amaranthe sauvage, dont la graine, séchée au feu et broyée entre deux pierres, donne une farine nutritive. Ossaro en fit des gâteaux qui, tout inférieurs qu'ils étaient au pain de ménage et à la dernière qualité de celui des boulangers, n'en furent pas moins appréciés de nos amis, qui ne pouvaient s'en procurer de meilleurs.

Le lac leur fournit également, outre le poisson, un supplément de plantes alimentaires, parmi lesquelles se remarquait le curieux *trapa bicornis*, sorte de noix cornue ou châtaigne d'eau, que les habitants des contrées de l'Himalaya nomment singara et dont ils se nourrissent.

Mais la plus remarquable de ces plantes aquatiques était sans contredit le splendide lis d'eau, avec ses larges feuilles et ses grandes fleurs roses et blanches, dont les graines et les tiges servent de nourriture à la population pauvre du pays de Cachemire. Ce lis d'eau, *nelumbium speciosum*, croît en abondance dans les lacs de cette vallée célèbre.

Quand le botaniste remarqua pour la première fois cette espèce de nénufar, il raconta à son frère que les jeunes bateliers cachemiriens cueillent, dans les jours de chaleur, une des larges feuilles lustrées de cette plante, pour en couvrir leurs turbans et se garantir ainsi des rayons du soleil, et qu'ils se servent aussi de son pétiole, qui est creux, pour puiser de l'eau et se désaltérer. Mais de tous les détails qu'il put fournir sur cette plante magnifique, rien n'intéressa autant ses auditeurs que d'apprendre que les graines et la tige du *nélumbo* pourraient leur fournir des provisions utiles en cas de besoin.

LIII.

LA FÈVE DE PYTHAGORE.

La découverte de ce lis d'eau, ou nélumbo, n'était pas pour nos amis chose récente, loin de là ; elle remontait presque à l'époque de leur réclusion dans la vallée, et souvent depuis lors ils avaient visité la petite baie où cette plante magnifique croissait de préférence. Une singulière circonstance, plus encore que sa beauté, avait attiré sur elle leurs regards.

Le nélumbo était en pleine floraison ; sa splendide corolle pouvait se distinguer du lieu où ils avaient établi leur premier campement. De là, chaque matin au lever du soleil, et quelquefois même dans le cours de la journée, ils pouvaient voir de grands oiseaux s'ébattre en cet endroit d'une façon toute particulière ; on aurait dit qu'ils marchaient sur l'eau.

En effet, ces oiseaux, qu'à leur corps élancé, à leurs longues pattes, les deux frères reconnurent pour être de la famille des poules d'eau ou *rallidées*, se promenaient complaisamment sur l'élément liquide, tantôt avec lenteur, tantôt avec rapidité, et, ce qui était plus étrange encore, y restaient parfaitement immobiles à l'état de repos, soit sur une seule patte, soit sur **deux**.

Héron.

Ceci leur aurait paru tout à fait inexplicable, si Karl ne se fût rappelé d'avoir lu peu de temps auparavant le récit de la découverte du gigantesque lis d'eau, *victoria regia*, des régions tropicales de l'Amérique.

Sur ses énormes feuilles arrondies, étendues horizontalement à la surface de l'eau et presque invisibles du bord, se voyaient de grands oiseaux de la famille des grues, qui tantôt se reposaient, tantôt jouaient sur l'eau comme sur la terre ferme.

Avec ce récit tout frais dans la mémoire, Karl ne douta pas que leurs poules d'eau ne fussent supportées sur le même piédestal et ne se jouassent sur la même plate-forme. Ses conjectures se trouvèrent confirmées peu de temps après, lorsqu'en passant près de la baie, il aperçut les feuilles du nélumbo, qui ne le cédaient guère en développement à celles du *victoria*.

Parmi les détails intéressants communiqués par le botaniste à ses compagnons, il leur apprit que ce nénufar des lacs de l'Himalaya n'était autre que la célèbre fève de Pythagore mentionnée dans les auteurs grecs, et plus particulièrement par Hérodote et Théophraste. De leur temps, paraît-il, cette plante était cultivée en Egypte et y croissait en abondance; tandis que de nos jours elle est entièrement inconnue. On la voit représentée sur les monuments égyptiens d'une manière si conforme aux descriptions qu'en donnent les auteurs grecs, qu'il ne peut y avoir aucun doute sur son identité.

On suppose que ce doit être le fameux *lotus* des anciens. Cette opinion s'appuie sur ce que non seulement la tige succulente, mais encore les amandes ou fèves, ont de tous temps été mangées par les populations des contrées où croît cette sorte de nénufar. C'est un aliment sain, fortifiant et rafraîchissant.

Les Chinois nomment cette plante *lienwha*. Ils en prennent la fève et la racine, coupent cette dernière en tranches minces, qu'ils mélangent avec des amandes d'abricots et des noix, placent le tout entre deux couches de glace, et cela constitue pour eux un des mets les plus recherchés. Les grands mandarins l'offrirent aux ambassadeurs anglais lorsque ceux-ci visitèrent le Céleste Empire.

Dans ce pays on récolte les racines de lienwha pour l'hiver, et l'on en fait des conserves avec du sel et du vinaigre.

Au Japon, le nélumbo est également employé comme aliment, et de plus on le consacre aux dieux. Les divinités japonaises sont souvent représentées assises sur les énormes feuilles de cette plante merveilleuse.

Lorsque les fleurs du nélumbo sont complètement épanouies, elles répandent un parfum pénétrant qui rappelle celui de l'anis, tandis que sa fève en forme de gland a le goût fin et délicat de nos amandes les plus estimées.

LIV.

UNE MOISSON AQUATIQUE.

Gaspard et Ossaro, informés par le botaniste de tous ces détails, savaient comme lui, pour en avoir fait l'expérience, que non seulement cette fève était bonne à manger, mais encore d'un goût exquis. Aussi, quand ils virent la corolle rosée du nélumbo se faner et disparaître, ils songèrent à en recueillir les amandes, dès qu'elles seraient arrivées à leur point de maturité.

Dans ce but, ils partirent un jour de la hutte pour entreprendre leur récolte aquatique. Celle-ci, à en juger par la quantité de gousses surnageant à la surface de l'eau, promettait d'être très abondante.

Chacun de nos amis était pourvu d'un panier tressé par Ossaro pendant les longues soirées d'hiver, et destiné sans doute à un tout autre emploi, mais qui n'en était pas moins par ses dimensions et sa forme très bien adapté à l'usage qu'on se proposait d'en faire.

Karl et Gaspard avaient relevé leurs pantalons, de manière à ne pas les mouiller en naviguant au milieu des plantes aquatiques, et Ossaro, dans le même but, avait relevé dans sa ceinture les pans de sa tunique de coton. Dans cet accoutrement tous les trois se dirigèrent vers la petite baie dont nous avons parlé. A leur approche, les poules d'eau s'empressèrent de quitter leurs étranges perchoirs pour aller chercher un refuge parmi les glaïeuls.

Nos travailleurs, après s'être prudemment assurés de la profondeur de l'eau, y descendirent sans crainte et commencèrent leur récolte de gousses, qu'ils écossaient à mesure dans les paniers. Ceux-ci étaient à peu près pleins, et l'on songeait déjà à revenir à terre, quand une grande ombre s'étendit tout à coup sur la paisible surface du lac; elle fut suivie presque aussitôt d'une seconde de même grandeur.

Nos trois amis, ayant remarqué ce phénomène, levèrent la tête en même temps, pour s'assurer de la cause qui l'avait produit. Alors s'offrit à leurs regards un spectacle qui devait singulièrement exciter leur intérêt.

Dans le ciel, au-dessus du lac, planaient en tournoyant deux oiseaux gigantesques. Leurs ailes déployées ne mesuraient pas moins de quatre mètres et demi; leur cou, d'une longueur démesurée, se prolongeait en avant dans le sens horizontal et se terminait par un

Une grande ombre s'étendit tout à coup sur la paisible surface du lac.

grand bec pointu. Ce bec, par sa forme, rappelait celle du pistil du pélargonium, et il est à remarquer que c'est cette parfaite ressemblance entre deux choses si diverses qui a fait donner à la plante le surnom botanique qu'elle porte.

Ces oiseaux étaient des cigognes : non la cigogne ordinaire si chère aux Hollandais, ni celle qui trouve un accueil encore plus hospitalier, peut-être, sous le toit du paysan hongrois des plaines de Puszta ; mais une espèce beaucoup plus grande, du reste la plus grande de cette famille, l'*adjudant*.

Karl et Gaspard le reconnurent au premier coup d'œil.

Il n'est pas nécessaire de le considérer longtemps, ni d'être très versé en histoire naturelle pour établir l'identité du susdit adjudant ; il suffit de l'avoir vu, ne fût-ce qu'une fois, soit en personne, soit en peinture, et les deux frères en avaient vu plusieurs pendant leur séjour à Calcutta.

Quant à Ossaro, il lui eût été impossible de méconnaître ces géants ailés qu'il avait vus des milliers de fois se promener majestueusement sur les bords sablonneux du Gange. La certitude que l'ombre produite sur ce lac solitaire de l'Himalaya provenait de ces oiseaux sacrés, lui arracha une exclamation de joie frénétique. Inutile pour lui de constater la couleur de leur plumage, leur cou de vautour, leur jabot rouge de brique, et les plumes soyeuses, d'un blanc azuré, qui garnissent le dessous de leur queue.

Non, cet examen eût été superflu : apercevoir l'adjudant et le reconnaître ne faisaient qu'un pour lui, comme son cri d'allégresse et le mouvement rapide qui lui fit renverser son sac de fèves au fond de l'eau.

Les adjudants volaient avec lenteur, presque avec difficulté; ils paraissaient fatigués et semblaient à la recherche d'un perchoir pour se reposer. Ils étaient probablement entrés dans la vallée avec l'intention d'y faire une halte; car, après avoir voleté autour du lac, tous deux étendirent leurs échasses, replièrent leurs ailes et se posèrent près du bord, sur une petite éminence qui touchait presque l'endroit où nos amis étaient groupés.

Ceux-ci, dans l'eau jusqu'aux genoux, n'étaient qu'à une vingtaine de pas des cigognes ; cependant elles ne parurent pas plus s'inquiéter de leur présence que s'ils avaient été d'inoffensifs nélumbos, de taille peu ordinaire sans doute, mais incapables de leur faire aucun mal.

LV.

LES ADJUDANTS.

Les deux adjudants qui avaient ainsi abordé sur les rives du petit lac de la vallée étaient sans contredit les représentants les plus gigantesques du monde des oiseaux.

Debout sur leurs longues échasses, ils avaient six pieds de haut, et n'en comptaient pas moins de sept et demi en partant de la pointe du bec à l'extrémité des ongles. Leur bec lui-même avait un pied de long et plusieurs pouces d'épaisseur, avec un renflement ou bosse vers le milieu, et des mandibules légèrement recourbées.

Les ailes de ces oiseaux, arrivés à leur plein développement, mesurent quinze pieds, ou quatre mètres et demi d'envergure, comme celles du grand condor du Chili et de l'albatros errant.

Leur plumage est noir sur le dos, blanc sous le ventre ; mais ces deux couleurs ne sont jamais franches et pures. Le manteau est d'un noir tirant sur le brun sale ; tandis que les plumes du ventre sont d'un blanc douteux, parce qu'elles se trouvent mélangées de gris, et surtout parce qu'elles sont presque toujours souillées de boue et d'impuretés ; attendu que ces oiseaux se plaisent dans les marécages et les immondices d'où ils tirent leur nourriture.

Sans cette malpropreté, les échasses de l'adjudant seraient d'une nuance foncée ; mais il est impossible d'en reconnaître la couleur chez les animaux vivants, à cause de l'épaisse couche de poussière et de fange qui les recouvre.

La queue, noire dessus, est blanche en dessous, et protège ces plumes précieuses d'un tissu vaporeux et d'un blanc azuré, dont les dames se parent avec orgueil et qu'elles portent sous le nom de *marabouts*.

Du reste, ces plumes ont été ainsi nommées par erreur, le naturaliste Temminck ayant confondu l'adjudant de l'Inde avec le marabout d'Afrique, autre espèce de cigogne, mais très différente de celle dont nous nous occupons.

Un des caractères distinctifs de l'adjudant, ou *argala*, ainsi qu'on le nomme dans l'Inde, est un horrible cou sans plumes, couleur de chair rougeâtre, dont la peau toute ridée et plissée est couverte de poils bruns.

Une forêt indienne.

Quand l'animal est jeune, ces crins ou poils sont plus épais; mais ils diminuent avec l'âge, jusqu'à ce qu'ils disparaissent, laissant la tête et le cou presque entièrement dénudés.

Cette particularité le fait ressembler au vautour, avec lequel il a plusieurs autres traits de ressemblance, à ce point qu'il peut être considéré comme le vautour des grallatores ou échassiers.

Une autre particularité non moins remarquable est une immense poche, sorte de goître d'un pied de long qui pend sur sa poitrine. La couleur de cette poche, comme celle du cou, varie du rose blafard au rouge vif.

Enfin, comme pour compléter cet ensemble de difformités, l'argala porte derrière le cou un appareil singulier : c'est une espèce de vessie qui peut au besoin se remplir d'air, et qui doit lui servir comme de bouée atmosphérique, pour l'aider dans son vol. On a remarqué que le gonflement de cette vessie se produit sous l'action des rayons ardents du soleil, et l'on en a conclu que la raréfaction de l'air n'y était pas étrangère. L'adjudant s'élevant à de très grandes hauteurs, il se peut en effet que cet appareil, semblable à un petit ballon, lui soit indispensable pour maintenir son vol dans ces régions où l'atmosphère est déjà beaucoup plus légère. Aussi a-t-on supposé que les migrations annuelles de ces oiseaux au-dessus des gigantesques sommets de l'Himalaya leur seraient impossibles, ou du moins rendues beaucoup plus difficiles, s'ils étaient dépourvus de cette faculté de diminuer le poids spécifique de leur corps.

Vautour.

A peine est-il nécessaire d'ajouter que l'adjudant, comme tous les oiseaux de la famille à laquelle il appartient, est d'un appétit vorace et fort peu délicat pour sa nourriture. Essentiellement carnivore, il recherche de préférence tous les corps en décomposition. Mais il se nourrit aussi de grenouilles, de serpents, de petits quadrupèdes et d'oiseaux. On lui a vu même avaler d'un seul trait une volaille entière. Un chat, un lièvre trouvent également un facile passage dans son vaste gosier.

Cependant il n'essaiera pas de tuer l'un ou l'autre de ces animaux, parce que, malgré sa taille, c'est un des plus grands poltrons de la création. Un enfant armé d'une petite gaule peut facilement le chasser, et une poule irritée lui fait bientôt prendre la fuite lorsqu'il s'aventure dans le voisinage de sa couvée.

Il est vrai de dire qu'il ne se rend pas à la première sommation ; qu'il prend tout d'abord une attitude menaçante ; la gorge rouge, le bec grand ouvert, il fait entendre une espèce de grondement qui rappelle celui de l'ours. Mais tout cela n'est que pure bravade ; si l'ennemi continue son attaque, il se calme subitement et se résigne à une retraite honteuse.

Telles sont les particularités relatives à l'adjudant ou argala. Il nous reste à ajouter qu'il y a encore deux ou peut-être trois autres espèces de cigognes de grande taille, quoique moins grandes que celle dont nous venons de donner la description, et avec lesquelles on l'a longtemps confondue.

L'une d'elles est le *marabout*, qui habite les régions tropicales de l'Afrique, et qui donne aussi des plumes très recherchées dans le monde élégant. Elles sont pourtant beaucoup moins belles et bien moins estimées que celles de l'argala, qui, en raison de l'erreur dont nous avons parlé plus haut, sont en réalité celles désignées sous le nom de plumes de marabout.

Une grande cigogne, qui diffère de l'argala d'Asie et du marabout d'Afrique, habite l'île de Sumatra. Les indigènes lui donnent le nom de bourong cambay. Enfin, dans l'île de Java on trouve, soit une quatrième espèce de ces gigantesques oiseaux, ou peut-être la même que celle de Sumatra.

Il est étrange que des créatures de ce genre soient restées si longtemps inconnues au monde des savants. Il n'y a guère plus d'un demi-siècle que les voyageurs ont commencé à nous en donner des descriptions à peu près exactes, et jusqu'à ce jour leur histoire et leurs mœurs nous laissent encore beaucoup à apprendre.

Ce fait est d'autant plus surprenant que sur les bords du Gange, et même à Calcutta, l'adjudant est très commun. Il se promène autour des habitations, entre dans les enclos avec autant de familiarité qu'un animal domestique.

Les services qu'il rend pour le nettoyage de la voie publique font que non seulement on le tolère, mais qu'on encourage sa familiarité, bien qu'on ait assez souvent à se plaindre de ses rapports trop intimes avec les jeunes habitants de la basse-cour.

On l'a vu même parfois, peu satisfait sans doute des provisions qu'il trouvait au dehors, entrer dans la maison, s'emparer du rôti fumant sur la table et l'avaler en présence des maîtres et des serviteurs interdits, et incapables d'arracher le friand morceau d'entre ses mandibules.

Les bords du Gange.

Quand ces oiseaux naviguent en troupes sur le fleuve avec leurs ailes déployées, on les prendrait pour une flottille de petits bateaux ; quand ils se promènent sur le sable du rivage et y ramassent les débris épars, on croirait un rassemblement de femmes indigènes occupées au même travail.

Parfois on peut les voir s'acharner sur la carcasse d'un animal ; il n'est même pas rare que ce soit sur les restes à demi décomposés d'un corps humain, peut-être celui de quelque malheureuse victime du culte de Jaggernaut, qui, après avoir été précipitée dans le fleuve, soi-disant sacré, est rejetée plus tard sur ses bords, pour y devenir la proie que se disputent entre eux les chiens errants, les vautours et ces gigantesques oiseaux consacrés à Brahma.

LVI.

DE SINGULIERS DORMEURS.

L'arrivée des adjudants produisit une très vive impression sur l'esprit des deux frères, mais une plus vive encore sur celui d'Ossaro. Pour lui, on eût dit d'anciens amis qui venaient le visiter dans sa prison ; et quoiqu'il n'entrât point dans sa pensée que ces oiseaux pussent contribuer en rien à sa délivrance, cependant leur présence lui était des plus agréables. Malgré leur laideur, ces deux créatures étaient associées aux souvenirs de sa plus tendre enfance. Il s'imaginait revoir dans ce couple, qui venait d'apparaître si inopinément, le vieux mâle et la femelle qui se perchaient autrefois sur le bananier près du bungalow (1) qui l'avait vu naître.

---

(1) Chaumière hindoue.

Ce n'était qu'une pure fantaisie de son imagination. Il eût été fort étrange, en effet, que sur les milliers de cigognes qui émigrent annuellement des plaines de l'Hindoustan au nord de l'Himalaya, les deux qui depuis tant d'années remplissaient l'office de balayeuses dans son village natal, fussent précisément celles qui planaient en ce moment au-dessus de sa tête. Car c'étaient alors qu'elles voltigeaient encore, que toutes ces douces images avaient traversé le cerveau du vieux chasseur. Toutes fugitives que fussent ces images, elles n'en laissèrent pas moins une agréable impression, même en s'évanouissant. Ossaro savait que ces argalas venaient de sa patrie, et des bords de ce fleuve vénéré dans les eaux duquel il languissait de pouvoir une fois encore mouiller la plante de ses pieds.

Chez Gaspard la vue de ces adjudants avait éveillé un tout autre ordre d'idées. En contemplant leurs ailes immenses, il pensa que ces géants pourraient bien accomplir la tâche qu'on avait vainement tentée avec l'aigle et au moyen du cerf-volant.

— Oh! s'écria-t-il, ne penses-tu pas, Karl, que l'un de ces oiseaux serait de force à soulever un câble jusque sur le rocher, où ils semblent de taille à pouvoir nous porter nous-mêmes?

Karl ne répondit pas, il réfléchissait. Le jeune chasseur reprit :

— Si nous pouvions seulement en attraper un en vie? Descendront-ils? On dirait qu'ils s'y disposent. Qu'en pensez-vous, Ossy? Vous les connaissez mieux que nous.

— Oui, jeune sahib, vous avoir raison. Eux descendre. Eux être très fatigués; voler depuis longtemps, et être pas capables d'aller plus loin. Ah! de l'eau, eh!... vous avoir soif et faim aussi? continua le digne homme en s'adressant directement aux voyageurs.

Comme pour réaliser sa prédiction, les argalas, l'un après l'autre, replièrent leurs ailes et s'abattirent sur le bord du lac.

Tous les yeux étaient dirigés sur eux. Grand fut l'étonnement de voir que, dès qu'ils furent à terre, au lieu d'aller chercher de la nourriture ou de s'approcher de l'eau pour boire, ils agirent comme s'ils ne se souciaient ni de boire ni de manger, ou comme si ces besoins étaient subordonnés à un autre plus impérieux : celui de prendre du repos.

En effet, quelques secondes tout au plus après avoir touché le sol, on les vit rentrer leur long cou, l'enfouir pour ainsi dire entre leurs épaules, ne laissant dehors que la partie supérieure de la tête et leur bec en forme de faux, qui s'appuya sur leur poitrine en s'inclinant vers la terre dans une direction diagonale.

Par un mouvement simultané ils soulevèrent une de

leurs échasses, et, la recourbant, la firent disparaître sous leur ventre parmi de longues plumes. Ce dernier mouvement avait été tellement instantané chez les deux animaux, qu'on aurait dit qu'ils agissaient sous l'empire d'une même impulsion.

Quelques secondes encore, et tous deux paraissaient profondément endormis. Du moins leurs yeux étaient clos, et leurs membres, leurs ailes, leur corps, leur bec offraient l'image du repos le plus complet.

Flamant.

C'était certainement un spectacle comique autant que singulier que la vue de ces deux énormes oiseaux se soutenant sur une seule patte, si longue, si mince, qu'il fallait toute la précision d'un parfait équilibre pour leur permettre de demeurer debout, et cela sans la plus légère oscillation comme sans la moindre crainte de chavirer.

Le vieil Hindou, accoutumé à ce spectacle, n'y trouvait rien que de fort naturel; mais il n'en fut pas de même de notre ami Gaspard, dont la gaîté fut excitée au dernier point. Du reste, la complète insouciance des dormeurs et le pittoresque de leur pose déridèrent également Karl, le philosophe, qui ne tarda pas à se joindre à la franche gaîté de son frère, et tous deux firent alors retentir les échos de la vallée de leurs bruyants éclats de rire.

On aurait pu croire que tout ce fracas serait de nature à alarmer les nouveaux venus, et à les déterminer à reprendre leur vol. Il n'en fut rien. A peine ouvrirent-ils les yeux pour les refermer aussitôt. Un léger mouvement du cou, un claquement des mandibules, et tout en eux redevint immobile.

Cette froide impassibilité augmenta encore les éclats de rire de nos jeunes gens, qui pendant plusieurs minutes s'abandonnèrent sans contrôle à leur exubérante gaîté.

LVII.

FRITZ ET LES MARABOUTS.

Les rires, comme toute chose ici-bas, doivent avoir un terme, et ceux de Gaspard lui-même finirent par se calmer. On résolut alors de porter au logis les sacs de fèves déjà pleins et de revenir opérer la capture des cigognes. Ossaro prétendit que rien ne serait plus facile à effectuer ; que ces animaux sont si peu farouches, qu'il pourrait s'en approcher et leur jeter le lacet sans qu'ils manifestent la moindre défiance. Probablement c'est ce qu'il aurait essayé de faire de suite, s'il avait été muni d'une corde à cet effet ; mais, n'ayant rien de convenable sous la main, il devint indispensable de faire un voyage à la hutte.

Le but qu'ils se proposaient en s'emparant des cigognes n'était pas encore bien défini dans la pensée des deux frères, à moins que ce ne fût, comme l'avait exprimé Gaspard, dans l'intention de renouveler l'expérience déjà tentée à deux ou trois reprises, mais sans succès.

Cependant une autre idée avait surgi dans la tête de l'Hindou. Si rien autre chose ne devait en résulter, il éprouverait un plaisir réel à garder ces oiseaux captifs, comme favoris et compagnons. Il avait, bien involontairement, arrêté quelquefois sa pensée sur la triste perspective de se trouver un jour tout seul dans cette vallée solitaire; et dans cette désolante prévision, il lui sembla que la société même d'une cigogne lui serait précieuse.

Déterminée par ces pensées diverses, la capture des adjudants fut une affaire conclue.

Nos trois amis sortirent alors du lac. Karl et Gaspard, pour ne pas compromettre leur projet en troublant le sommeil des dormeurs, commencèrent à se mouvoir avec tant de précaution, qu'ils avaient l'air de marcher sur des œufs. Ossaro les plaisanta, en leur affirmant que de telles précautions étaient tout à fait inutiles, qu'ils ne couraient aucun risque d'effrayer les cigognes, et en ceci il disait vrai.

Dans tous les pays avoisinant les bords du Gange,

ces oiseaux, protégés à la fois par une crainte superstitieuse et par les ordonnances de police, sont tellement habitués à la proximité de l'homme, que c'est à peine s'ils se détournent de leur chemin pour l'éviter. Mais il pouvait se faire que ces deux-là précisément appartinssent à quelques-unes des troupes sauvages qui habitent les marais du Sunderbend et qu'elles fussent peu habituées à la société humaine. Dans ce cas, il serait moins facile de les approcher, et c'est pour cette raison que le vieux chasseur dut consentir à adopter certaines mesures de précaution recommandées par Karl avec une insistance toute particulière.

C'est que, sans en avoir encore rien dit à personne, le botaniste avait conçu un plan plus sérieux que celui formé par son frère ou par Ossaro. Cette idée l'avait soudainement frappé pendant qu'il riait avec Gaspard.

Sous cette impression nouvelle, il était devenu tout à coup fort grave, mais avait gardé un mystérieux silence sur la cause de ce changement subit qui avait excité la surprise et la curiosité de son frère.

Peu de minutes leur suffirent pour regagner leur demeure. Ils y coururent plutôt qu'ils ne marchèrent; Karl était en avant et arriva le premier. Jetant à terre son panier de fèves, avec aussi peu de cérémonie que s'il eût été vide, il se hâta de sortir tout ce que la hutte renfermait encore de ficelles et de cordes préparées par Ossaro, et l'on commença à les examiner avec soin.

Les doigts agiles de l'Hindou eurent bientôt fabriqué un nœud coulant qui fut fixé à l'extrémité d'une longue canne de bambou. Ainsi pourvus, les trois hommes retournèrent auprès des dormeurs.

Les cigognes n'avaient pas encore fini leur méridienne.

Ils furent enchantés de voir que les cigognes n'avaient pas encore fini leur méridienne. Sans doute ils venaient de bien loin et avaient grand besoin de repos. Leurs ailes pendantes indiquaient un état d'extrême fatigue. Peut-être rêvaient-elles qu'elles étaient perchées sur quelque haute branche d'un figuier-banian, ou bien au sommet d'une antique pagode consacrée à Bouddha ou encore à Vichnou. Peut-être se croyaient-elles sur les bords du Gange; se rassasiant d'une chair repoussante et nauséabonde dans laquelle se jouaient avec délices leurs longues mandibules.

Mais Ossaro, chargé du nœud coulant, s'inquiétait peu de savoir si elles rêvaient ou non ; il lui suffisait de constater qu'elles dormaient toujours, et, se glissant avec toutes les précautions d'un tigre dans les jungles, il s'avança juste à portée des insouciantes dormeuses.

« Il y a loin de la coupe aux lèvres, » dit le proverbe. C'est ce dont notre chasseur s'aperçut au moment où il lança le nœud. L'essai tenté, le piège était bien à sa place, mais les oiseaux n'étaient plus à la leur. On pouvait les voir s'élever dans les airs, leur long cou projeté en avant, et le cliquetis de leurs becs rappelant celui des castagnettes, tandis que de leurs gosiers sortait un bruit semblable au rugissement de lions irrités.

Cet échec devait être mis non sur le compte d'Ossaro, mais sur celui d'un nouveau venu, qui le suivait de près et marchait pour ainsi dire sur ses talons : cet intrus n'était autre que maître Fritz.

Au moment où le vieux chasseur lançait le nœud sur les épaules de l'un des adjudants, le chien, arrivé tout fraîchement de la hutte, aperçut pour la première fois les oiseaux. D'un bond précipité, il se jeta sur le plus proche, lui saisit la queue avec ses dents, puis, comme

318 LES GRIMPEURS DE ROCHERS.

s'il était résolu à s'emparer des superbes marabouts qu'elle recouvre, il en arracha brutalement tout un panache.

Mais, comme on le pense bien, la possession de ces plumes n'entrait pour rien dans cette attaque inattendue ; d'autant plus inattendue, qu'en animal bien dressé, Fritz savait parfaitement qu'il ne devait point effrayer le gibier que ses maîtres voulaient prendre au piège, et que de sa vie il ne s'était rendu coupable d'une semblable imprudence. Pour expliquer un pareil procédé, nous devons dire d'abord que c'était à l'antipathie profonde que lui inspiraient les adjudants que devait être attribué chez Fritz cet oubli complet de tous ses devoirs ; secondement, que cette antipathie était née d'une vieille rancune.

Pendant le séjour de ses maîtres au Jardin botanique de Calcutta, Fritz avait été fréquemment en contact avec une paire de ces gigantesques oiseaux, qui étaient au nombre des pensionnaires de ce vaste établissement. Ils avaient toute liberté d'errer dans son enceinte et d'y ramasser les débris divers que leur jetaient les domestiques du directeur.

Ces oiseaux étaient si familiers, qu'ils venaient sans crainte manger dans la main de quiconque leur offrait quelque chose, et même prenaient, avec une égale liberté, ce qui ne leur était pas offert, mais se trouvait à la portée de leurs becs. C'est ainsi qu'ils s'appropriaient souvent les provisions auxquelles ils n'avaient aucun droit.

Parmi ces actes de rapacité, il en était un que Fritz ne devait jamais leur pardonner. C'était le vol d'un excellent morceau de viande que le cuisinier lui avait donné pour son dîner, et que l'un des adjudants eut l'audace de lui arracher de la gueule et d'avaler en sa présence, avant qu'il eût le temps de protester.

Depuis lors Fritz était animé de la plus profonde rancune et de la haine la plus ardente contre tout ce qui appartenait au genre cigogne en général et à l'espèce argala en particulier.

Ceci explique et atténue, si c'est possible, le méfait dont il venait de se rendre coupable.

Est-il besoin d'ajouter que l'oiseau assailli d'une manière aussi inconvenante s'envola sur-le-champ, suivi de sa compagne, moins à plaindre sans doute, mais non moins effrayée ; laissant Fritz, dans sa fureur, traiter les précieuses et innocentes plumes comme elles ne l'ont probablement jamais été, excepté peut-être par quelque mégère jalouse de la beauté d'une rivale détestée.

LVIII.

LA CAPTURE.

Nos amis contemplaient cette fuite avec des regards où se peignait tant de désappointement, de déplaisir, que Fritz était en grand danger de recevoir un châtiment exemplaire. Gaspard s'apprêtait même à le lui administrer; déjà il levait sur le coupable une gaule dont il s'était armé, lorsqu'une exclamation de Karl l'arrêta court et sauva le chien de la correction dont il était menacé.

Tel n'avait pas été cependant le but du jeune homme. Ce cri lui avait été arraché par quelque chose d'une tout autre importance, et c'était précisément l'intonation particulière de sa voix qui avait détourné l'attention de Gaspard.

Le botaniste était là, les yeux fixés sur l'une des cigognes, celle avec laquelle Fritz avait pris une si étrange liberté. Ce n'était cependant pas le fâcheux état de ses plumes déchirées et pendantes qui attirait ses regards, mais bien ses longues échasses, dont l'une, éclairée par le soleil, brilla soudain d'un reflet métallique, d'une teinte jaunâtre comme celle de l'or ou du cuivre poli. Mais le scintillement des rayons solaires sur cette surface unie et brillante empêchait les spectateurs de reconnaître la forme de cet objet et de s'en faire une idée exacte. Tel était du moins le cas dans lequel se trouvaient Ossaro et Gaspard.

Karl, au contraire, avait instantanément reconnu cet objet, qui, semblable à un météore, avait fait luire à ses yeux un rayon d'espérance, et qui maintenant, en disparaissant, le plongeait de nouveau dans un abîme de misère.

— Oh! frère, s'écria-t-il, sommes-nous assez malheureux!

— Malheureux de quoi? Du départ de ces oiseaux? Explique-toi, Karl, je ne puis te comprendre.

— Ah! tu ne te doutes pas combien nous touchions à la délivrance. Hélas! hélas! maintenant elle nous échappe.

— Veux-tu dire qu'elle nous échappe avec ces oiseaux? demanda Gaspard. Je crois qu'à tout prendre, ils ne nous auraient pas été d'une grande utilité. Ils ne sont pas bons à manger, nous n'avons que faire de leurs plumes, et qui sait?... jamais peut-être ils n'auraient emporté notre corde.

— Non, non, il n'est pas question de cela, reprit vivement Karl.

— Et de quoi donc alors? demanda Gaspard, singulièrement surpris du langage énigmatique de son frère. De quoi veux-tu parler?

— Regarde bien, dit Karl, indiquant les cigognes pour la première fois, ne vois-tu pas quelque chose qui brille?

— A la jambe de l'un des adjudants? Oui, en effet, quelque chose qui ressemble à un métal jaune. Qu'est-ce que ce peut être?

— Je le sais, moi, reprit le botaniste d'un ton plein de regret. Ah! si nous les avions capturés!... Alors nous aurions pu compter sur la délivrance. Mais à quoi bon y songer maintenant, puisque les voilà partis? Ah! Fritz, tu as fait aujourd'hui une chose que nous aurons peut-être à regretter tout le reste de notre vie.

— Décidément, frère, je ne te comprends pas; mais si c'est la fuite des adjudants qui te désole, regarde, malgré l'inhospitalière réception de Fritz, ils n'ont pas l'air si pressés de prendre congé. Vois-les décrire des cercles comme pour redescendre, et puis Ossaro leur présente quelque chose pour les attirer. Fions-nous à lui, il connaît parfaitement leurs habitudes et parviendra bien à les faire revenir.

— Dieu de miséricorde! qu'il lui soit permis de réussir! s'écria le botaniste, en détournant ses regards des cigognes pour les fixer sur Ossaro. Toi, Gaspard, tiens Fritz en respect; qu'il ne vienne pas encore tout troubler; songe qu'il y va de ton salut et du nôtre.

Sans se remettre de la surprise que lui causait l'exaltation de son frère, Gaspard se hâta d'exécuter ses ordres. Il se précipita sur le chien, le saisit, et, le plaçant entre ses jambes, l'y tint aussi serré que s'il avait été dans un étau.

Les yeux de tous, même ceux du chien, étaient dirigés vers Ossaro. Gaspard suivait ses mouvements avec un visible intérêt, Karl avec une anxiété intense.

En prévision des difficultés qu'il pourrait rencontrer dans la capture qu'il méditait, l'Hindou, en quittant la hutte, s'était muni d'un grand poisson, au moyen duquel il espérait attirer les cigognes à portée de son lacet. En cet instant il le tenait bien en vue pour attirer, si c'était possible, l'attention des fugitives et les décider à redescendre à terre.

Il s'était éloigné, surtout de Fritz, et se tenait debout sur une petite éminence au bord du lac. Il était évident pour lui comme pour ses compagnons que la fuite des oiseaux était le résultat de la peur, et que, très fatigués encore, ils ne s'éloignaient qu'à regret du lieu qu'ils avaient choisi pour se reposer.

Ce besoin de repos les déciderait-il à redescendre? C'est ce que le vieil Hindou ne chercha pas à découvrir. Il leur tenait le poisson bien en vue ; dès qu'il fut sûr qu'ils l'avaient aperçu, il le lança à quelque distance, puis se tint immobile en attendant le résultat.

Le succès fut presque instantané. Rien dans l'apparence d'Ossaro n'était de nature à exciter la défiance des adjudants. Son costume, la couleur de sa peau, leur étaient familiers, et lors même qu'ils le rencontraient dans ce coin reculé du monde, ils n'avaient aucune raison pour le considérer comme un ennemi. Fritz était seul l'objet de leurs craintes ; mais il était à distance et hors d'état de leur nuire.

Ces réflexions, ou plutôt l'impulsion donnée par un estomac vide, qu'excitait encore la vue du poisson étalé sur l'herbe, mit un terme à leur indécision : en une seconde ils s'abattirent à côté du friand morceau.

Tous deux en même temps se saisirent de la proie convoitée, et chacun s'efforça de se l'approprier. Comme l'un des argalas tenait le poisson par la tête et l'autre par la queue, une lutte s'ensuivit à qui l'avalerait tout entier. Bientôt leurs becs se rencontrèrent et craquèrent l'un contre l'autre, sans qu'aucun des deux consentît à lâcher prise.

Le vieil Hindou leur tenait le poisson bien en vue.

Le temps que ce combat d'un nouveau genre aurait pu durer ne fut pas laissé au choix des parties belligérantes ;

car Ossaro se précipita sur elles et les enlaça de ses deux bras dans une étreinte si étroite, qu'elles ne purent s'en dégager. En même temps Karl et Gaspard accoururent pour lui prêter main-forte, après avoir attaché Fritz à un arbre, et les deux énormes créatures furent aussitôt mises dans l'impossibilité de s'envoler de nouveau.

LIX.

UNE JAMBE ÉTIQUETÉE.

— C'est bien cela ! je ne me trompais pas ! s'écria le botaniste, après s'être baissé pour examiner le morceau de métal en question.

— Qu'est-ce donc ? demanda Gaspard.

— Regarde, frère, ce qu'il y a à cette échasse ; ne te souviens-tu pas d'avoir vu cet anneau ?

— Cet anneau de cuivre ? Oui, reprit le jeune homme, je me rappelle d'avoir vu au Jardin botanique un adjudant qui en portait un tout à fait semblable. C'est assez singulier.

— Semblable ! répéta Karl ; point du tout, mon ami, c'était précisément *le même*. Baisse-toi et regarde ceci.

— R. B. G. *Calcutta*, prononça lentement le jeune homme, en lisant l'inscription gravée sur l'anneau.

— Je me demande ce que signifient ces initiales.

— Ce n'est pourtant pas difficile à comprendre : *Royal botanical garden* (1). Quelle autre chose cela pourrait-il signifier?

— Rien autre chose évidemment. Alors ces adjudants doivent être ceux que nous avons vus et qui nous ont si souvent amusés.

— Exactement les mêmes, il n'y a pas à en douter.

— Fritz, de son côté, a dû les reconnaître, quand il leur a fait cette incivile réception ; car tu te souviens qu'il se querellait toujours avec eux.

— C'est vrai ; mais à l'avenir il ne devra plus les approcher. J'ai un projet.

— Un projet !...

— Oui, un très important ; si important, que ces oiseaux, tout laids et tout désagréables qu'ils sont, doivent être surveillés et soignés comme s'ils étaient les plus jolis et les plus précieux de tous les favoris. Il nous faut les nourrir avec soin, les garder de jour et veiller sur eux la nuit, comme on veillait autrefois sur le feu sacré.

— En vérité, frère, est-ce possible?

---

(1) Jardin botanique royal de Calcutta.

— Certainement, reprit Karl. La possession de ces oiseaux n'est pas seulement importante, elle nous est indispensable, à ce point que s'ils venaient à mourir entre nos mains, ou bien à s'échapper, ou même si l'un des deux se perdait ou mourait, c'en serait fait de notre *dernière espérance.*

— Mais quel espoir fondes-tu donc sur eux? demanda Gaspard, de plus en plus surpris du langage de son frère.

— Quel espoir, dis-tu? Ah! mon ami, je trouve dans cet événement singulier quelque chose de plus précieux que l'espoir. J'y vois la main providentielle et miséricordieuse de Dieu, qui nous a envoyé ces oiseaux comme des messagers célestes, pour nous annoncer qu'enfin il a eu pitié de nous!

Gaspard gardait le silence, les yeux fixés sur ceux de son frère, où rayonnait en cet instant un mélange indicible de gratitude et de joie. Il voyait cette expression, mais il était totalement incapable de s'y associer ni de la comprendre.

Il en était de même d'Ossaro, qui, tout en trouvant quelque chose d'extraordinaire dans les regards du sahib Karl, y attachait fort peu d'importance. Toute son attention était absorbée par les adjudants qu'il caressait alternativement, leur parlant et les embrassant comme ses propres frères.

Dès qu'il les eut solidement attachés, de manière à prévenir toute autre velléité de fuite, il leur partagea le poisson en tranches, et les leur administra avec le soin et les égards qu'il eût témoignés à des êtres humains, arrivés d'un long voyage dans un état d'épuisement complet.

Les cigognes ne se montraient nullement intimidées, ce n'est pas dans leur nature ; elles gobaient les morceaux que leur lançait l'Hindou avec autant d'insouciance et d'avidité que si elles eussent été près du grand réservoir dans le jardin de Calcutta.

Seule la vue de Fritz avait le pouvoir de les troubler ; mais, par l'ordre de Karl, il fut tenu à distance jusqu'à la fin de leur repas.

Gaspard, toujours dans les ténèbres relativement au projet de son frère, l'interrogea de nouveau.

— Tu n'as pas l'habitude d'être aussi long à me comprendre, répondit le botaniste. Voyons, ne peux-tu pas deviner pourquoi je suis si joyeux de la présence de ces oiseaux ?

— Non, du tout. A moins....

— Achève.

— A moins que tu ne penses leur faire monter une corde sur le rocher.

— Pas le moins du monde ; c'est-à-dire, il y aura peut-être quelque chose de ce genre ; mais tu n'y es pas ; et pour te punir d'avoir si peu d'imagination en cette circonstance, je ne te dirai pas encore mon projet.

— Oh ! frère, je t'en prie.

— Non, non ! la chose vaut bien la peine qu'on la devine. Ainsi travaillez-y avec Ossaro et faites de votre mieux.

Les deux chasseurs, ainsi mis en demeure d'exercer leur sagacité, allaient commencer toute une série de conjectures quand ils s'entendirent appeler.

— Venez, leur dit Karl, il nous faut avant tout mettre les cigognes en sûreté. Retournons à la hutte ; cette corde me semble trop mince ; ils pourraient la couper avec leur bec et reprendre leur liberté ; la plus grosse que nous pourrons trouver ne sera certainement pas trop forte. Prenez l'une de ces bêtes, Ossaro, je me chargerai de l'autre, et toi, Gaspard, veille sur Fritz, conduis-le en laisse. Dorénavant il faut qu'il soit attaché, de peur qu'il ne fasse, par quelque imprudence, échouer la meilleure chance de salut qui se soit encore présentée.

En parlant ainsi, Karl prit dans ses bras l'un des adjudants, Ossaro en fit autant de l'autre, malgré les protestations qui s'échappaient de leur gosier, et, en dépit du jeu de castagnettes exécuté par leur long bec, ils les transportèrent en lieu sûr. Une fois arrivés, on les attacha avec de fortes cordes à l'une des poutres qui soutenaient la toiture, et la porte de la hutte dut rester fermée aussi longtemps que les captifs n'étaient pas sous l'œil de leurs gardiens. Ainsi le voulait le botaniste, qui, connaissant mieux que personne l'importance de tels hôtes, était décidé à ne pas les lâcher.

Éléphants.

LX.

LES COURRIERS AÉRIENS.

Ce ne fut qu'après avoir de nouveau rempli leurs sacs de fèves, et quand ils furent rapportés à la maison, que Gaspard et son compagnon trouvèrent le temps de se livrer à leurs conjectures. Chacun d'eux s'assit sur une des grandes pierres en dehors de la porte, où si souvent ils avaient combiné leurs plans d'évasion; là, ils se recueillirent dans leurs pensées et en suivirent le cours, sans rien se communiquer, comme s'il y avait eu rivalité à qui trouverait le premier la solution demandée. Karl, debout près d'eux, réfléchissait au meilleur moyen d'amener à bien le plan qu'il avait conçu.

Les cigognes étaient dehors, attachées à une pièce de

bois. On les avait sorties d'abord pour qu'elles pussent s'accoutumer à leur nouvelle résidence, et aussi pour les faire manger ; car le poisson qu'elles avaient avalé ne pouvait satisfaire des appétits comme les leurs.

Les yeux de Gaspard, errant de l'une à l'autre, s'arrêtèrent sur l'anneau et sur son inscription. Cette vue à la longue finit par le frapper : sur cet anneau se trouvait une information qui avait été apportée directement de Calcutta. Les mêmes messagers par lesquels ils l'avaient reçue ne pourraient-ils pas en emporter une d'une autre nature à Calcutta ? Pourquoi donc ne le pourraient-ils pas ?...

— J'y suis ! j'y suis ! s'écria le jeune homme enchanté. Oui, frère, j'ai deviné. Je connais ton plan, et vraiment il est excellent.

— Ah ! tu y es enfin arrivé, dit Karl d'un ton un peu moqueur. Il en était temps ! La vue de cet anneau et de son inscription aurait dû depuis longtemps te mettre sur la voie. Maintenant, voyons si tu as deviné juste.

— Bien certainement, reprit Gaspard sur le même ton de badinage que son frère venait d'employer. Tu ne songes à rien moins qu'à forcer nos hôtes à changer de profession. (En parlant ainsi, il désignait de la main les oiseaux.) Conviens que telle est ton intention.

— Et quand cela serait ? Continue.

— Pour le moment, officiers dans l'armée, ainsi que

l'indique leur titre d'adjudant, ils n'auront aucune raison de te remercier de tes intentions à leur égard ; car je doute que le changement que tu médites puisse être envisagé comme un avancement. Je ne sais ce qu'il en est dans le monde des oiseaux, mais je suis sûr que bien peu d'entre nous considéreraient comme très avantageux d'échanger le service militaire contre le service civil.

— Et à quelle partie de ce service supposes-tu que je les destine ?

— Si je ne me trompe, tu veux les attacher au service des postes ; en d'autres termes, t'en servir en guise de courriers et de facteurs.

— Bravo ! Parfaitement deviné, s'écria le botaniste, enchanté de la manière originale dont son frère venait de développer sa pensée. C'est à la lettre ce que je me propose de faire.

— Par le char de Jaggernaut ! exclama l'Hindou à son tour, celui-là être un plan excellent ! Cigognes, elles retourner à Calcutta, pour sûr. Elles porter lettres aux sahibs gouverneurs. Sahibs, eux, savoir nous ici en prison, et envoyer tout de suite délivrer nous. Ah ! ah ! ah ! excellent ! excellent !

Et, s'abandonnant à la joie la plus exubérante, le digne homme se mit à sauter et à danser comme s'il eût tout à coup perdu l'esprit.

Quelque imparfaitement qu'il se fût exprimé, il n'en avait pas moins développé le plan conçu par le botaniste. Ce qui s'était vaguement esquissé dans son cerveau à la première apparition des cigognes, puis plus clairement dessiné quand il vit luire le reflet métallique, finit par prendre corps aussitôt qu'il eut déchiffré les lettres gravées sur l'anneau.

Alors il ne douta plus que la Providence ne leur ouvrît cette voie et que ces messagers ailés ne fussent des envoyés du ciel dont la mission était de mettre un terme à leur captivité douloureuse.

LXI.

CONCLUSION.

La délivrance tant souhaitée arriva enfin ; mais elle ne fut pas immédiate. Il leur fallut encore supporter plusieurs mois de cette vie monotone et solitaire, pour attendre le retour de la saison pluvieuse. A cette époque, les grands fleuves qui traversent l'Hindoustan sont gonflés par les crues et entraînent avec eux des épaves de toutes sortes et de nombreux cadavres, qui attirent sur leurs bords des nuées d'oiseaux de proie.

Alors les grands adjudants reviennent de leur tournée d'été et traversent de nouveau les hauteurs de l'Imaüs pour reprendre leur course vers le sud. Alors aussi, Karl et ses compagnons espérèrent que leurs hôtes, guidés par le même instinct, retourneraient au Jardin botanique de Calcutta.

Une promenade au Jardin botanique de Calcutta.

Karl en était presque aussi certain que si, se trouvant lui-même à Calcutta, sur les bords du Gange, il les avait vus dans les airs se diriger vers ce même jardin. Il se rappelait avoir entendu dire au directeur que telle était l'habitude de ces oiseaux depuis plusieurs années; et que leurs migrations étaient si parfaitement régulières dans leur périodicité, qu'il n'y avait pas un employé de l'établissement qui ne pût indiquer avec exactitude la date de leur départ et celle de leur retour. Il est vrai que lui-même avait oublié ces dates, mais par bonheur il se rappelait l'époque, et cela lui suffisait.

Pendant leur séjour dans la vallée, les argalas avaient été entourés d'autant de soins que s'ils eussent été consacrés à quelque divinité. Ossaro s'était chargé de leur fournir en abondance du poisson, de la chair et tout ce dont ils pouvaient avoir besoin. On les avait garantis de ce qui aurait pu leur nuire, en éloignant d'eux les ennemis de tout genre, en commençant par Fritz, qui à la longue cependant avait cessé toute hostilité à leur égard. Rien ne leur avait manqué de ce qui pouvait leur plaire, rien, excepté la liberté! Celle-ci cependant leur fut également accordée en temps voulu.

Un beau matin, tel que des oiseaux n'auraient pu mieux choisir pour prendre leur plus haute volée, nos cigognes, débarrassées de leurs entraves, furent laissées libres de s'élancer où bon leur semblerait.

Le seul obstacle mis à leur vol fut un petit sac de cuir attaché au cou de chacune d'elles, et prudemment placé hors de la portée de leur bec. Ces sacs contenaient les messages.

Les cigognes s'élevèrent lentement dans les airs.

Pour écrire, Karl s'était servi des feuilles blanches de son calpin, et il avait jugé utile d'envoyer deux copies de sa lettre, dans le cas où l'une d'elles viendrait à se perdre.

Tout d'abord les cigognes ne parurent pas disposées à quitter leurs bons et aimables hôtes ; mais l'instinct qui les portait à chercher les plaines ensoleillées du Sud prévalut à la fin, et avec un cri d'adieu auquel répondirent d'encourageantes exclamations, et un long aboiement de Fritz, elles s'élevèrent lentement dans les airs, franchirent le rocher et disparurent enfin derrière les crêtes avoisinantes.

Dix jours s'écoulèrent encore, puis on vit apparaître au-dessus de ces mêmes crêtes une vingtaine d'hommes, dont la présence remplit d'allégresse le cœur de nos pauvres captifs, et celui du brave Fritz lui-même, qui aboya de joie dès qu'il les aperçut.

Sur le fond bleu du ciel se détachaient ces hommes qui portaient avec eux des rouleaux de corde, des morceaux de bois et tout ce qui pouvait servir à une escalade.

C'est ainsi que les intéressés apprirent que l'une des lettres, sinon toutes les deux, avait atteint sa destination.

Avec l'aide de leurs libérateurs, qui s'étaient munis de longues échelles de corde, nos amis ne tardèrent pas

344 LES GRIMPEURS DE ROCHERS.

à atteindre le sommet du précipice. Fritz, de son côté, en fit l'ascension sur les épaules d'Ossaro.

Fritz fit l'ascension sur les épaules d'Ossaro.

Alors, suivis du fidèle animal et accompagnés de leurs libérateurs enchantés, tous trois descendirent le versant méridional de l'Himalaya et ne tardèrent pas à se retrouver sur les bords sacrés du Gange, puis à franchir une fois encore les portes hospitalières du

Jardin botanique où les attendait l'accueil le plus affectueux.

Là, ils renouvelèrent connaissance, non seulement avec leur généreux hôte et ami, mais aussi avec les messagers ailés par le moyen desquels ils étaient sortis de leur tombe vivante et se voyaient rendus pour toujours au monde et à la société.

FIN.

TABLE.

		PAGES.
I. — L'Himalaya	7
II. — Karl et ses compagnons.	16
III. — Retour à la hutte.	25
IV. — Un visiteur nocturne.	30
V. — Plus de mystère	36
VI. — Réparation des armes.	41
VII. — Examen des rochers.	46
VIII.— Une reconnaissance interrompue.	50
IX. — Sur l'obélisque.	55
X. — A quelque chose malheur est bon	58
XI. — Un infatigable factionnaire.	63
XII. — Une étrange découverte.	68
XIII.— Un nid curieux.	72
XIV. — Le calao.	77

		PAGES.
XV.	— Un malfaiteur à quatre pattes.	82
XVI.	— Intervention de l'ami Fritz.	86
XVII.	— Mort à l'ennemi.	93
XVIII.	— Ruine et dévastation.	98
XIX.	— La seule chance de salut.	103
XX.	— Un terrible assiégeant.	107
XXI.	— Le supplice de Tantale.	111
XXII.	— Plus d'eau qu'on n'en désire.	115
XXIII.	— Engloutissement.	119
XXIV.	— Le déodora.	124
XXV.	— Les échelles.	131
XXVI.	— Les inconvénients d'une porte ouverte.	136
XXVII.	— En quête d'un déjeuner.	140
XXVIII.	— A l'affût.	144
XXIX.	— Double méprise.	148
XXX.	— Le signal d'Ossaro.	153
XXXI.	— Le bouquetin.	157
XXXII.	— Chèvres et moutons.	161
XXXIII.	— Le combat.	169
XXXIV.	— Les bearcouts.	175
XXXV.	— Espoir fondé sur le bearcout.	182
XXXVI.	— Essais.	188
XXXVII.	— Expériences nouvelles.	194
XXXVIII.	— Évasion de l'aigle.	198
XXXIX.	— Fritz et les faucons.	202
XL.	— Fritz sérieusement offensé.	210
XLI.	— L'oiseau de Gaspard.	215
XLII.	— Fabrication du papier.	223
XLIII.	— Le cerf-volant.	230
XLIV.	— L'échelle de corde.	236
XLV.	— Descente précipitée.	242
XLVI.	— Fuite du cerf-volant.	248
XLVII.	— Plus de daphnés.	254

		PAGES.
XLVIII. — Aérostat		258
XLIX. — Le ballon		265
L. — Préparatifs		270
LI. — Résultat final		277
LII. — Nouvel accès de découragement		283
LIII. — La fève de Pythagore		290
LIV. — Une moisson aquatique		294
LV. — Les adjudants		299
LVI. — De singuliers dormeurs		308
LVII. — Fritz et les marabouts		313
LVIII. — La capture		320
LIX. — Une jambe étiquetée		327
LX. — Les courriers aériens		335
LXI. — Conclusion		33

FIN DE LA TABLE.

Rouen. — Imp. MÉGARD et Ce, rue Saint-Hilaire, 136.

ROUEN. — IMPRIMERIE MÉGARD ET Cie.

www.ingramcontent.com/pod-product-compliance
Lightning Source LLC
Chambersburg PA
CBHW070900170426
43202CB00012B/2139